오프라인의 모험

오프라인 비즈니스는 어떻게 진화하는가

일러두기

- 인명 표기 및 지명 등 원어를 우리말로 표기한 외래어는 국립국어원 외래어 표기법에 맞춰 표기했으나 통상적으로 쓰는 표기가 있는 외래어는 그대로 사용했다.
- 영문 표기와 원화 환산 금액은 필요한 경우에 한해서 병기했다.
- 이 책은 네오밸류 X 트래블코드 X 폴인이 공동으로 기획하고 개발한 콘텐츠 〈오프라인 비즈니스, 상상력이 미래를 바꾼다〉를 책으로 엮어 제작했다.

폴인 스토리북
오프라인 비즈니스, 상상력이 미래를 바꾼다

**오프라인 비즈니스는
어떻게 진화하는가**

이동진 지음

오프라인의
모험

프롤로그

◆

이런 상상을 해봅시다. 당신은 택시를 타고 목적지로 이동하고 있습니다. 그날따라 유난히 창밖으로 스쳐 지나가는 건물에 눈길이 갑니다. 그리고는 이내 이런 생각을 하게 됩니다.

'저 많은 건물 중에 내 건물이 있다면 얼마나 좋을까.'

당신뿐만 아니라 누구나, 언젠가, 한 번쯤 가져봤을 희망 사항이죠. 하지만 부질없다는 걸 모를 리 없습니다. 건물을 살 만큼의 돈이 없으니까요. 그래서 고개를 떨구고 스마트폰으로 눈길을 옮깁니다. 그때 당신의 마음을 읽었는지 SNS 광고에 어떤 은행의 제안이 뜹니다.

'당신을 건물주로 만들어 드립니다.'

그것도 시세 100억원 정도 하는 5층짜리 빌딩의 건물주로요. 물론 건물을 그냥 주는 건 아니고, 건물을 살 수 있는 돈을 100% 빌려주고 매입할 수 있게 하는 거죠. 자기 자본이 없어도 당장 건물주가 될 수 있다는 뜻입니다. 이자율은 3%이고, 원금은 30년 동안 균등하게 상환하면 됩니다. 필요하면 상환 기간을 더 늘릴 수도 있습니다. 눈이 번쩍 뜨여 세부 내용을 살핍니다. 이런 말도 안 되는 제안에 조건이 붙지 않을 리 없으니까요.

건물은 상업 시설로만 사용할 수 있습니다. 거주용이나 업무용으로 변경하기는 어렵습니다. 또한 자금을 100% 빌려주는 대신 매매에 제한이 있습니다. 공간을 쪼개서 팔 수 없고 시세 대비 높은 가격일 때만 건물 매각이 가능합니다. 물론 매입가보다 낮은 가격으로 손해를 보면서 건물을 팔 수도 없습니다. 매각하기 전까지는 임대를 주거나 직접 운영해야 하죠. 다행인 건 입주해 있는 업체가 없어서 건물을 원하는 대로 채울 수 있습니다. 여기에다가 한 가지를 더 고려해야 합니다. 주변에 상업 시설이 넘쳐나서 공실인 건물이 여럿 있습니다. 일시적인 현상이 아니라 꽤 오랫동안 그랬죠.

이런 조건이라면 당신은 어떤 선택을 하시겠습니까?

조건을 알고 난 후에는 상상만 해도 신났던 기분이 사라질 겁니다. 건물주가 되는 길이 열렸음에도 불구하고 망설여지죠. 합리적으로 의사결정을 한다면 고민의 포인트를 두 가지로 정리해볼 수 있습니다. 하나는 원금과 이자 등의 비용을 감당할 수 있는지, 또 다른 하나는 매각 시 시세 차익을 얻을 수 있는지입니다. 이 문제를 해결하는 핵심은 직접 매장을 열건 임차인을 구하건 간에 건물을 경쟁력 있는 상업 시설로 구성하는 거죠. 그래야 운영 수익이나 임대 수익으로 은행 빚을 갚을 수 있고, 수익성이 받쳐줘야 시세보다 높게 매각할 수 있으니까요.

이론적으로는 답이 분명하지만, 현실적으로는 생각처럼 쉽지 않습니다. 오프라인 비즈니스가 경쟁력을 잃고 있는 상황인 데다, 공급 과잉인 상권이니 건물을 채울 매장 찾기가 만만치 않기 때문이죠. 결국 은행의 파격적인 제안에 응하려면 건물이라는 오프라인 공간을 매력적으로 콘텐츠화할 수 있는 역량이 필요합니다. 그래야 사람들의 발길을 끌어모을 수 있고, 수익으로 연결시킬 수 있죠. 이러한 능력이 없이는 은행에서 자금을 100% 대출해준다 해도 건물을 감당할 수 없습니다.

현실에서는 불가능한 일을 상상해본 건, 건물주가 되고 싶어 하는 많은 사람들의 로망을 꺾기 위해서가 아닙니다. 오히려 반대죠. 오프라인 비즈니스에 필요한 핵심 역량이 달라져 예전보다 더 다양한 사람들에게 기회가 열리는 방향으로 진화하고 있음을 보여주기 위해서입니다.

과거에는 자본력을 확보할 수 있는 사람들이 건물주가 되거나 부동산 개발을 할 수 있었습니다. 건물을 무엇으로 채울지는 크게 중요하지 않았죠. 무엇으로 채워도 기본은 했으니까요. 하지만 지금은 상황이 달라졌습니다. 공간을 콘텐츠화해서 사람들의 발길을 끌어모을 수 없다면 경쟁력을 갖기가 어렵습니다. 오히려 자본은 상대적으로 구하기가 쉬워져서 공간 기획자, 콘텐츠 크리에이터, 편집자, 브랜드 전문가, 혁신가 등 자본력이 아니라 상상력을 가진 사람들에게로 무게중심이 넘어갔죠.

만약 건물주라는 입장이 거창하게 들린다면, 자기만의 가게를 갖고 싶다는 로망을 떠올려도 괜찮습니다. 건물이건 가게건, 규모의 차이가 있을 뿐 오프라인 공간으로서

처한 상황은 같으니까요. 오프라인 비즈니스가 위기를 겪는 상황에서 건물이나 가게를 소유하거나 운영하려면 오프라인 비즈니스의 원리와 흐름을 이해해야 합니다. 이에 대한 고민이 없다면 자본이 생겨도 희망사항을 실현하기 어려워집니다.

그렇다면 오프라인 비즈니스는 어떤 속성을 가지고 있고, 어떻게 진화하고 있는 걸까요?

'오프라인의 모험'에서 이 질문에 대한 나름의 답을 찾아가는 과정이 펼쳐집니다. 그리고 이 여정은 자기만의 가게를 갖고 싶었던 퇴사준비생 이모씨가 짜장면 가게를 오픈하는 것으로부터 시작합니다.

오프라인의 모험

오프라인 비즈니스는 어떻게 진화하는가

08 라이프스타일을 바꾸는 오프라인 비즈니스

09 온라인을 벤치마킹해야 하는 이유

10 오프라인 비즈니스를 살리는 상상력의 힘

01

똑같은 가게에서
매출이 2배 차이나는 이유

숫자에는 보이지 않는 노하우

단계별 한끗 차이로 회전율이 달라진다

◆

어느 동네에 줄 서서 먹는 짜장면 가게가 있었습니다. 그곳에서 짜장면을 즐겨 먹던 퇴사준비생 이모씨는 문득 이런 생각을 합니다.

'이 정도로 줄이 길면 옆에다 똑같은 짜장면 가게 하나 더 열어도 수요가 충분하지 않을까?'

그래서 식사하러 갈 때마다 그 짜장면 가게를 벤치마킹하기 시작했습니다. 메뉴는 어떤 것들이 있는지, 가격은 얼마인지, 종업원은 몇 명인지, 테이블 수와 좌석 수는 몇 개인지, 가게는 얼마나 큰지, 운영 시간은 어떻게 되는지 등 손님이 아니라 퇴사준비생의 관점으로 짜장면 가게를 바라본 거죠. 한참을 벤치마킹한 끝에 맛까지 똑같이 낼 수 있을 정도의 경지에 오른 후, 드디어 원조 가게 옆에 원조와 사실상 똑같은 짜장면 가게를 오픈합니다.

결과는 성공. 예상대로 가게 앞에 손님들이 줄을 섰습니다. 오픈발인 줄 알고 조마조마했었는데 몇달이 지나도 줄이 줄어들지 않았습니다. 카피한 게 바람직하진 않지만, 여전히 원조 짜장면 가게에도 손님이 줄을 서 있으니 그 가게와도 큰 문제 없이 지낼 수 있었습니다. 그럼에도 원조 짜장면 가게 사장님을 만나 자초지종을 설명하고 미안한 마음을 전하고 싶었습니다. 그래서 사장님을 찾아 갔다가 충격적인 이야기를 듣게 됩니다.

그가 말하길, 오히려 고맙다는 것이었습니다. 점심 시간 내에 자리가 안 나서 줄 서 있다가 그냥 돌아가는 손님들에게 항상 미안한 마음이었는데 옆에 사실상 똑같은 가게가 생긴 덕분에 일부 손님들이 덜 기다리면서 맛있는 짜장면을 경험할 수 있게 되었으니까요. 고객을 먼저 생각하는 대인배 같은 이야기에 신선한 충격을 받았는데, 이야기를 나누다 더 큰 충격에 휩싸입니다. 원조 짜장면 가게의 매출이 퇴사준비생 이모씨가 카피한 가게의 두 배였던 거죠. 그래서 그는 고민에 빠지게 됩니다.

'메뉴, 가격, 종업원 수, 테이블 수, 가게 크기, 운영 시간, 음식 맛 등 모든 것을 똑같게 했고, 두 가게 모두 줄을 서서 먹으며, 둘 다 배달 서비스는 하지 않는데 어떻게 매출에 차이가 날 수 있을까? 그것도 두 배나.'

도대체 왜, 퇴사준비생 이모씨가 오픈한 가게는 원조 짜장면 가게 매출의 절반 수준인 걸까요?

숫자에는 보이지 않는 노하우

퇴사준비생 이모씨는 나름 전략 기획팀에서 사업 분석을 했던 터라, 원인 분석에 나섰습니다.

매출　　＝　　객단가　　×　　객수

매출을 구하는 공식은 심플합니다. 평균 객단가에 평균 객수를 곱한 값이죠. 매출이 두 배라면 객단가나 객수에 차이가 있는 겁니다. 그래서 그는 객단가를 먼저 살펴 봤습니다. 메뉴 가격이 같더라도 손님들이 짜장면을 먹으면서 탕수육을 추가로 시킨다면 매출에 차이가 날 수도 있는 거니까요. 하지만 소득 수준이 유사한 한 동네의 고객층을 대상으로 하고 있고, 1인당 섭취량도 평균적으로는 엇비슷할테니 하루 이틀이라면 모를까 평균 객단가는 크게 다르지 않을 거라 판단했습니다.

그렇다면 객수에서 차이가 나야 합니다. 그런데 매장 크기, 테이블 수, 좌석 수가 똑같고, 둘 다 빈자리 없이 줄서서 먹는 상황이니 객수도 비슷할 거라 추측했습니다.

이렇게 미궁에 빠지는 듯했으나, 먹고 사는 일이 걸려 있으니 포기할 수는 없었습니다. 그래서 공식을 한참 들여다 보다가 빈틈을 발견합니다. 평균 객수로 표현한 수식을 더 세분화해볼 수 있다는 걸 알게 된 거죠.

객수는 좌석 수, 좌석 점유율, 그리고 회전율의 함수입니다. 좌석 수가 같고 두 가게 모두 줄 서서 먹기 때문에 좌석 점유율도 비슷하다면, 결국 매출의 차이는 회전율의 차이로 볼 수 있습니다. 줄 서 있다가 자리에 앉기까지 시

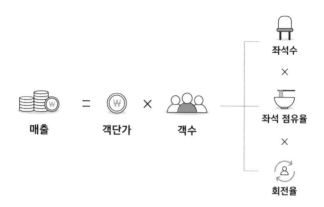

간이 다르다는 뜻이기도 하죠. 특히 제한된 식사 시간 내에 손님을 맞이해야 하는 식당의 경우엔 더욱 회전율이 중요합니다.

단계별 한끗 차이로 회전율이 달라진다

그렇다면 회전율의 차이는 왜 발생할까요? 회전율은 일정 시간 동안 좌석을 거쳐간 손님의 수를 나타내는 지표입니다. 따라서 시간당 회전율을 구하려면 1시간을 손님이 가게에 들어와서 나갈 때까지 걸린 시간으로 나누면 됩니다. 예를 들어, 손님이 가게에 머무른 시간이 30분이라고 가정하면 1시간을 0.5시간(30분)으로 나누면 되니까 시간당 2회

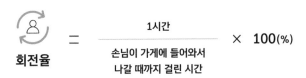

$$\text{회전율} = \frac{1\text{시간}}{\text{손님이 가게에 들어와서 나갈 때까지 걸린 시간}} \times 100(\%)$$

전(200%)을 하는 거죠. 결국 회전율의 차이는 손님이 가게에 들어와서 나갈 때까지 걸린 시간의 차이입니다.

　　퇴사준비생 이모씨는 회전율의 차이를 이해하기 위해 손님이 가게에 들어와서 나갈 때까지의 과정을 구분해 봅니다. 다음 페이지의 이미지처럼 손님이 가게에 머무르면서 하는 행동마다 시간을 줄일 수 있다면 회전율이 개선될 테니까요. 그래서 그는 원조 짜장면 가게와 그가 카피한 짜장면 가게가 각 단계별로 어떻게 다른지를 알아보기로 합니다.

① 착석 : 안내하는 직원의 중요성

손님이 붐비는 식당에 가면 자리 잡기가 쉽지 않습니다. 복

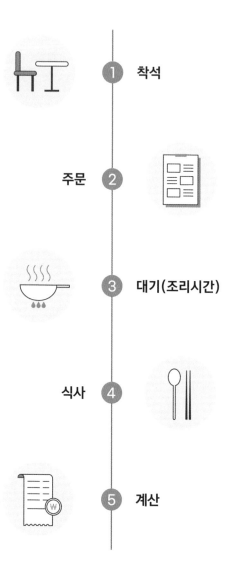

1 착석

2 주문

3 대기(조리시간)

4 식사

5 계산

잡한 가게에서 빈자리가 한눈에 들어오지 않고, 빈자리인데 아직 테이블 정리가 되지 않았다면 언제까지 기다렸다가 앉아야 하는지도 모르겠으며, 동시에 빈자리가 여러 곳 보일 경우 어디에 가서 앉아야 하는지도 고민되죠.

이럴 때 출입구에 자리를 안내하는 직원이 있다면, 손님이 자리를 찾기 위해 머뭇거리는 시간을 줄일 수 있습니다. 아무래도 직원은 빈자리를 한눈에 파악할 뿐더러 테이블 정리의 타이밍도 짐작할 수 있기 때문이죠. 회전율의 렌즈를 끼고 보니 원조 짜장면 가게에는 그 역할을 하는 직원이 있었습니다. 직원의 숫자만 세어봤지 어떤 일을 하는지는 확인해보지 않아 보이지 않았던 것뿐입니다.

② 주문 : 좌석 배치와 주문의 상관관계

메뉴가 똑같아도 주문에 걸리는 시간에 차이가 있을 수 있습니다. 우선 테이블에 메뉴판이 없다면 직원이 메뉴판을 테이블까지 가져다 줄 때까지 시간이 지체되죠. 원조 짜장면 가게를 카피할 때 메뉴는 따라했지만, 메뉴판 제작 비용을 아끼기 위해 메뉴판을 돌려쓰기로 한 게 문제였습니다. 또한 메뉴판 구성에도 다른 점이 있었어요. 원조 짜장면 가게는 인기 메뉴를 추천하고 있고, 메뉴를 직관적으로 인지

할 수 있게 디자인했어요. 그러면 손님들이 음식을 고르는 시간이 줄어드니까요.

그뿐 아니라 손님이 메뉴를 선택한 후에도 시간 차이가 날 수 있습니다. 주문을 하기 위해 직원을 부르고 기다리는 시간, 직원이 주문을 받고 주방에 전달하는 시간 등에서 지체가 발생할 수 있어서죠. 이 부분은 매장 동선에 좌우됩니다. 원조 짜장면 가게를 카피하면서 나름대로 차별화를 주려 매장의 절반 정도를 좌식으로 했는데, 이런 구성 때문에 직원들이 좌식 테이블에 주문받으러 갈 때 신발을 벗고 신느라 시간이 더 걸린 거죠. 여기에다가 원조 짜장면 가게에선 주문을 수기가 아니라 전자 단말기로 받고 있었습니다. 주문 내역을 입력하면 주방으로 바로 전송되는 시스템인 거죠. 그만큼 주문을 받고 주방에 전달하는 시간이 줄어듭니다.

③ 대기(조리 시간) : 요일 메뉴는 왜 필요할까?

레시피대로 음식을 만들면 조리 시간에 큰 차이가 없을 것처럼 보입니다. 하지만 손님이 주문을 한 후 음식을 조리하는 시간에도 차이가 발생할 수 있습니다. 먼저 요리에 필요한 재료 중 사전에 준비할 수 있는 재료를 체계적으로 충분히 마련해 놓았다면 주문이 들어왔을 때 조리 시간을 단축시킬 수 있겠죠. 원조 짜장면 가게는 그동안 축적해온 메뉴별, 요일별, 날씨별 등에 따른 주문량 데이터가 있어서 재료 준비를 적절한 수준으로 할 수 있었습니다. 한창 바쁠 때 재료 손질을 하며 시간을 낭비할 필요가 없는 거죠.

사전 준비에서만 차이가 나는 건 아닙니다. 주방장의 숙련도에 따라서도 조리 시간이 달라질 수 있죠. 물론 하나의 요리를 레시피대로 만들면 숙련도에 따른 조리 시간 차이가 크지 않습니다. 하지만 동시에 여러 요리를 해야 하는 상황이라면 숙련도가 영향을 미칩니다. 원조 짜장면 가게의 주방을 자세히 들여다보니, 주방장이 양 손을 써서 웍을 자유자재로 다뤘습니다. 숙련도가 낮아 한 손으로 웍을 사용하는 주방장과 시간당 만들 수 있는 요리의 양에 차이가 날 수밖에 없죠.

여기에다가 조리 시간을 단축하기 위해 원조 짜장면 가게는 요일 메뉴를 만들었습니다. 월요일에는 짜장면을, 화요일에는 짬뽕을, 수요일에는 우육탕면을 500원씩 할인해주는 식이죠. 퇴사준비생 이모씨는 원조 짜장면 가게를 카피하면서 가격 할인을 하면 수익성이 떨어질 거라 판단해 도입을 하지 않았는데, 알고 봤더니 요일 메뉴가 조리 시간을 줄이는 데 도움이 되는 것이었습니다. 아무래도 4명이 함께 온 테이블에서 짜장면 1개, 짬뽕 1개, 우육탕면 1개, 볶음밥 1개를 주문할 때보다 짜장면 4개를 주문할 때 조리에 걸리는 시간이 단축되는데, 가격 할인을 하면 주문이 통일될 가능성이 높아지니까요.

④ 식사 : 분위기가 식사 속도를 좌우한다

회전율을 높이기 위해서 손님에게 식사를 빨리 드시라고 권하기는 어렵습니다. 하지만 음식을 빨리 먹을 수 있는 환경을 조성할 수는 있습니다. 원조 짜장면 가게는 이 부분도 놓치지 않았습니다. 빠른 템포의 음악을 틀어 놓고 직원들이 큰 소리로 일하면서 분주한 분위기를 연출해 자연스럽게 손님들이 속도감 있게 행동할 수 있도록 유도했습니다.

또한 테이블에 등받이 없는 의자를 놓아 두었습니다. 기댈 곳을 없애 오래 앉아 있기 불편하게 만든 거죠. 게다가 손님이 식사를 마치자마자 종업원이 그릇을 치웠습니다. 밖에 사람들이 줄 서서 기다리는데 테이블에 있는 그릇을 가져가니, 손님도 자연스레 자리에서 일어납니다. 원조 짜장면 가게 손님들의 식사 속도가 빠른 이유입니다.

⑤ 계산 : 결제에도 타이밍이 있다

계산을 하는 방식도 회전율에 영향을 미칠 수 있습니다. 보통은 식사 후에 가게를 나가면서 계산을 하는데, 원조 짜장면 가게에서는 주문 후 음식이 나올 때까지 기다리는 동안에 결제를 하게 했습니다. 이렇게 하니 손님이 계산을 위해 별도로 기다리거나 시간을 쓸 필요 없이 식사를 마치고 바로 나갈 수 있습니다. 그만큼 손님이 가게에 머무는 시간이 짧아집니다.

이처럼 원조 짜장면 가게는 착석부터 계산까지 각 단계별로 한끗 차이를 이어가며 회전율을 높였던 것이었습니다. 그만큼 매출이 올라간 건 물론이고요. 퇴사준비생 이모씨는 겉으로 보이는 모든 것을 사실상 똑같이 만들면 원조 짜장면 가게와 엇비슷한 성과를 낼 수 있을 거라 생각했지만 착각이었습니다. 하드웨어적인 요소만큼이나 가게를 효율적으로 운영하는 소프트웨어적인 요소가 중요했던 거죠.

그렇다면 매출이 두 배나 차이나는 이유를 이해하게 된 퇴사준비생 이모씨는 이 문제를 어떻게 해결할까요?

02

무인 매장은
오프라인의 미래가 될 수 있을까?

옆 가게와 매출이 차이나는 이유를 알았으니, 퇴사준비생 이모씨는 마음이 편해졌을까요? 오히려 개선할 방법을 찾고 싶어서 마음이 바빠졌습니다. 가게를 오픈할 때야, 카피하면 기본은 갈 수 있다는 생각에 원조 짜장면 가게를 그대로 카피했었죠. 하지만 원인을 분석하고 보니 그렇게 해서는 원조 짜장면 가게의 업력을 따라가기 어려울 거란 판단이 든 것입니다. 그래서 이번에는 카피가 아니라 틀을 깨는 방법을 찾기로 결심합니다.

운영 방식을 혁신하기 위해 그가 주목한 건 무인 시스템이었습니다. 회진율은 결국 운영 효율성에 대한 문제이니, 로봇의 도움을 받으면 효율성이 올라갈 것으로 보였습니다. 그뿐 아니라 로봇을 활용하면 인건비도 절약할 수 있어 수익성 개선에도 도움이 될 거라 기대했습니다. 그래서 무인 시스템을 선도적으로 활용하고 있는 매장을 스터디하기 시작합니다.

조사를 해보니, 로봇이 진격하고 있었습니다. 주문과 계산은 기본이고, 요리, 음식 나르기, 설거지 등 거의 모든 단계에서 로봇이 사람의 역할을 대신할 수 있는 수준으로 업그레이드 중이었죠. 특히 미국과 중국 업체들의 활약이 두드러졌습니다.

미국에는 로봇 팔이 커피를 만들어 주는 카페를 최초로 연 '카페 X', 무인 키오스크에서 주문하고 락커에서 음식을 픽업하는 '잇사', 배달 트럭 안에서 피자를 요리해 갓 구운 피자를 배달하는 '줌 피자', 로봇 공정 시스템으로 5분 만에 햄버거를 만드는 '크리에이터', 시간당 200인분의 샐러드 보울을 요리할 수 있는 '스파이스' 등이 로봇 레스토랑의 대표적인 사례로 손꼽혔습니다.

중국의 업체들도 만만치 않았습니다. 로봇 팔로 커피뿐만 아니라 칵테일까지 제조하는 '레시오', 음식을 나르는 서빙 로봇으로 인기를 끈 '로봇 허', 주방 로봇이 식재료를 구분해 서빙 로봇에게 전달하는 오픈 주방이 인상적인 '하이디라오 스마트 레스토랑', 주문부터 음식 서빙까지 모든 과정을 로봇으로 자동화한 '천새 로봇 식당' 등이 로봇 레스토랑의 진화를 이끌고 있었습니다.

희망이 보였습니다. 아직 짜장면 가게에 로봇을 도입한 사례는 보지 못했지만 전 세계 선도 업체들의 여러 시도를 종합해 봤을 때, 효율성을 획기적으로 개선해 회전율을 높일 수 있다는 가능성을 발견했기 때문입니다. 로봇을 도입한다면 원조 짜장면 가게의 매출을 넘어서는 건 시간 문제일 것 같았습니다. 퇴사준비생 이모씨는 흥분을 가라앉히고 이번에는 실수를 되풀이하지 않기 위해 침착하게 개선 가능성을 시뮬레이션 해봅니다.

로봇이 줄여주는 시간의 낭비

로봇을 도입하면 회전율을 얼마나 높일 수 있는지 추정하기 위해 다시 손님이 들어와서 나갈 때까지의 과정을 떠올려 봅니다.

로봇 레스토랑은 물론, 카페, 패스트푸드 매장 등에서 확산되고 있는 무인 키오스크를 도입하면 ②주문과 ⑤계산을 한 번에 할 수 있고, 손님이 선택한 메뉴가 주방으로 바로

주문   식사

① 착석   ②   ③ 대기
(조리시간)   ④   ⑤ 계산

전송됩니다. 직원이 손님에게 주문을 받고 주문지를 주방까지 전달할 필요가 없는 거죠.

게다가 키오스크를 여러 대 설치하면 동시에 주문하고 계산할 수 있는 손님의 수도 늘어납니다. 특히 중국 같은 경우 QR코드 사용이 보편화되어 있어 별도의 무인 키오스크가 없어도 자리에 앉은 후 스마트폰으로 QR코드를 찍어 주문과 계산을 할 수 있습니다. 주문을 위해 기다리고, 주문을 접수하고, 음식값을 계산하는 시간이 줄어듭니다.

이보다 더 획기적으로 시간을 줄일 수 있는 단계는 ③ 대기(조리 시간)입니다. '크리에이터'의 경우 햄버거를 만드는

데 5분이면 충분하고, '스파이스'는 재료를 조리해 샐러드 보울에 담기까지 3분밖에 걸리지 않습니다. 이 속도로 로봇을 풀가동하면 크리에이터는 시간당 130개의 햄버거를, 스파이스는 200인분의 샐러드 보울을 만들 수 있죠. 한두 명의 주방장으로는 어림없을 정도의 생산성입니다.

'천새 로봇 식당'은 한술 더 뜹니다. 이곳에서는 한 종류의 음식이 아니라 중식, 훠궈, 패스트푸드 등 다양한 종류의 음식을 판매하는데, 어떤 요리건 조리에 걸리는 시간은 3~5분입니다. 서로 다른 요리라도 30여 종의 요리를 동시에 조리할 수 있는 수준입니다. 1화에서 언급했던 원조 짜장면 가게 주방장의 숙련도와 요일 메뉴를 부러워할 필요가 없는 거죠.

요리가 완성된 후 손님이 있는 테이블까지 음식을 전달하는 과정에서도 시간을 단축할 수 있습니다. 서빙 로봇 덕분이죠. 서빙 로봇의 쓸모를 높인 건 '로봇 허'입니다. 이곳에서는 여러 대의 서빙 로봇이 테이블 사이를 다니며 음식을 배달하지 않습니다. 대신 레일 위의 정해진 길로만 주방에서 완성한 요리를 실어 나릅니다. 손님들과 로봇이 부딪힐 염려가 없고 로봇이 장애물을 만나 속도를 줄일 일이 없는 거죠.

크리에이터의 버거 로봇

©Creator

로봇 허의 서빙 로봇

©트래블코드

그래서 150여 석 규모의 매장에서도 음식을 나르는데 걸리는 시간이 40초가 넘지 않습니다. 이처럼 직원 대신 서빙 로봇이 음식을 가져다주니 대기 시간이 줄어들고, 매장의 번잡함도 사라집니다. 음식을 테이블로 나르기 위해 사람이 분주하게 움직일 필요가 없으니까요.

여러 매장에서 구현한 로봇 기술을 조합하면 회전율을 높이는 건 문제가 없어 보였습니다. 하지만 원조 짜장면 가게 주인의 운영 노하우에 충격을 받은 후, 원조를 뛰어넘는 가게를 만들고 싶었던 퇴사준비생 이모씨는 이걸로 만족할 수 없었습니다. 로봇을 도입했을 때 얻을 수 있는 효용을 최대치로 끌어올리기 위해 로봇의 가치에 대해 더 깊이 생각해 보기로 합니다.

로봇이 넓혀주는 공간의 크기

전 세계에서 선도적인 시도를 하고 있는 로봇 레스토랑에는 공통점이 있었습니다. 로봇을 숨기지 않고 드러낸다는 것입니다. 서빙 로봇이야 역할의 특성상 어쩔 수 없다 해도, 요리 로봇은 굳이 보여줄 필요가 없는데도 손님들이 관람할 수 있게 설치해 두었습니다. 로봇의 미래 지향적인 이미지가 손님에게 새로움과 재미를 주기 때문이죠. 예를 들어, 로봇 팔이 커피를 만들어주는 최초의 카페 '카페 X'에서 로봇 팔을 가리면 혁신적인 카페 이미지 대신 자판기 카페라는 인식이 생길지 모릅니다.

레스토랑에서 로봇이 볼거리가 된 덕분에 로봇을 보러 손님들이 몰리기도 했고, 손님들이 사진이나 영상으로 로봇을 찍어 SNS에 올리면서 자연스레 홍보가 되기도 했습니다. 하지만 퇴사준비생 이모씨는 로봇의 모객이나 홍보 효과가 일시적일 거라 봤습니다. 여러 혁신이 그러했듯이, 로봇이 보편화되면 더이상 로봇은 신기한 대상이 아니라 일상의 풍경이 될 테니까요. 그보다 그의 눈에 들어왔던 건 로봇이 차지하고 있는 공간의 면적이었습니다.

로봇이 샐러드 보울을 만들어주는 '스파이스'에 들어서면 정면에 샐러드 보울을 만드는 냄비 로봇 7대가 나란히 있습니다. 주방으로부터 요리에 들어가는 재료를 공수받아서 데우고 볶은 후에 그릇에 담는 역할을 하는 로봇입니다. 냄비 로봇 한 대가 하나의 요리를 만드니 동시에 7인분의 요리를 완성할 수 있는데, 사람이었다면 7명이 들어설 수 없을 정도로 차지하는 면적이 작습니다. 또한 크리에이터에서도 버거를 만드는 로봇 덕분에 주방 면적을 50%가량 줄였습니다. 로봇이 주방장의 역할을 대신하니 공간 효율을 개

스파이스의 샐러드 로봇

©Spyce

선할 수 있는 거죠.

또한 로봇 팔 하나로 커피와 칵테일을 제조해주는 '레시오'에서는 로봇 덕분에 재료를 두는 공간도 효율적으로 사용할 수 있습니다. 칵테일을 만들기 위해서는 기주基酒, 칵테일의 베이스가 되는 술가 필요한데, 이곳에서는 80여 가지 기주를 천장에 매달아 둡니다. 로봇 팔이라 천장 높이에서도 작업이 가능하기 때문입니다. 바텐더였다면 손이 닿는 곳에 기주를 놓아야 해서 작업 공간을 차지했을 텐데, 로봇이 칵테일을 만드니 유휴 공간인 천장에도 쓸모가 생기는 거죠.

레시오 바텐더 로봇　　　　　　　　　　　　　　　　©트래블코드

　　이처럼 요리 로봇은 공간 효율을 높이는 데 도움이 됩니다. 하지만 서빙 로봇은 오히려 공간 효율을 떨어뜨리지 않을까요? 서빙 로봇의 존재감을 높인 '로봇 허'는 사람과 로봇의 동선이 겹치는 것을 피하고 서빙 속도를 높이기 위해 로봇이 다니는 길을 따로 만들었으니까요. 이러한 문제를 '천새 로봇 식당'이 해결했습니다. 이곳은 천장에다가 레일을 달아 음식을 공중으로 실어 나릅니다. 그래서 주문한 요리가 천장에서 내려오죠. 덕분에 음식을 나르기 위한 공간이 줄어듭니다.

눈에 직접 보이지는 않지만 로봇이 만든 공간 효율성은 수익성으로 연결됩니다. 오프라인 매장에서는 필요 면적을 줄일수록 임대료를 낮출 수 있기 때문입니다. 부동산의 특성상 임대 면적을 유연하게 조정할 수 없다 해도 여전히 의미가 있습니다. 생산에 사용되는 공간을 줄일 경우 판매에 활용할 수 있는 공간을 늘릴 수 있으니까요. 매장 내에 테이블을 하나 더 놓을 수 있는 공간을 확보하면 그만큼 매출을 올릴 여지가 생깁니다.

로봇이 보완하는 인간의 역할

시간을 단축시켜 회전율을 높여주기만 해도 고마운데, 공간 효율성까지 개선해주니 무인 시스템에 대한 관심이 더 깊어집니다. 여기에다가 로봇이 인간의 역할을 대신하니 인건비를 줄일 수 있는 건 분명했습니다. 해결책을 찾은 것만 같아 기쁜 마음으로 로봇 레스토랑에서 쉴 새 없이, 그리고 실수 없이 움직이는 로봇들을 바라보았습니다. 그때, 그의 짜장면 가게에서 직원들이 일하는 장면이 오버랩되면서 한 가지 생각이 더 떠오릅니다. 인건비 너머에 보이지 않는 문제 또한 로봇이 해결해 줄 거라는 기대가 생긴 거죠.

직원을 충원할 때 인건비만 드는 게 아닙니다. 교육비

가 듭니다. 새로운 종업원이 입사하면 메뉴 숙지 등 매장 운영 전반에 대해 익숙해질 때까지 교육이 필요합니다. 이때 교육을 담당할 직원이 따로 있건, 아니면 기존 종업원이 현장 실습을 시켜주건 비용이 발생합니다. 일종의 간접비인 셈이죠. 미국의 한 레스토랑 리서치 업체의 조사에 따르면, 미국의 경우 서빙 직원이 이직해서 새로 고용할 때 드는 비용이 2,000달러약 220만원 정도라고 합니다.

종업원이 어쩌다 한 번 이직을 한다면야 큰 비용이 아니겠지만, 현실은 그렇지 않습니다. 미국 노동 통계청 자료에 의하면, 미국에서 레스토랑 종업원의 이직률은 약 73%로, 민간 부문 전체 이직률보다 1.5배 이상 높습니다. 미국의 통계치이긴 하지만 국가별로 정도의 차이가 있을 뿐 레스토랑 종업원의 이직률이 타업종 대비 높은 건 공통적인 현상입니다.

종업원의 이직 횟수가 늘어날수록 새로 고용할 때 드는 교육비가 증가하는 것은 물론이고, 여기엔 보이지 않는 또 다른 비용이 발생합니다. 바로 리쿠르팅에 따른 비용입니다. 사람을 뽑기 위해 공고를 내고, 광고를 하고, 인터뷰를 보고, 계약을 맺는 일련의 과정에서 시간과 돈이 드는 거죠.

교육비와 리쿠르팅비를 감당한다 해도 문제는 또 있

습니다. 종업원들의 근무 성실도입니다. 물론 맡은 바 일을 책임감 있게 하는 종업원도 있지만, 그렇지 않은 경우도 있습니다. 어떤 이유에서건 종업원이 갑작스레 지각을 하거나, 결근을 하는 등의 이슈가 발생하면 매장 운영에 영향을 받습니다. 그렇다고 인력을 여유있게 고용하자니 인건비 관리에 비효율이 발생합니다.

퇴사준비생 이모씨는 로봇을 활용하면 이러한 보이지 않는 고민까지 해결될 거란 생각이 들어 무인 시스템을 도입하기로 마음을 거의 굳힙니다. 그럼에도 불구하고 마지막으로, 돌다리도 두드리고 건넌다는 심정으로 로봇 도입에 대해 의문을 던져봅니다. 로봇 도입을 안 할 이유가 없어 보이는데, 로봇 레스토랑의 확산이 더딘 것 같아서죠. 그래서 좀 더 조사를 해보기로 합니다.

로봇 레스토랑의 함정

로봇 레스토랑의 포문을 연 건 '카페 X'였습니다. 샌프란시스코에 첫 매장을 오픈하고 매장을 5개까지 확장했으나 2020년 초에 샌프란시스코 시내에 있던 3개의 매장을 닫고, 2020년 8월에는 공항에 열었던 2개 지점마저 문을 닫았습니다. 또한 무인 키오스그에서 주문하고 락커에서 음식을 픽업하는 방식으로 새로운 형태의 무인 매장을 시도했던 '잇사'는 2019년 7월에 마지막 매장을 폐점하고 F&B 매장 효율화를 위한 솔루션을 제공하는 소프트웨어 업체로 사업 방향을 전환했습니다.

그뿐만이 아닙니다. 갓 구운 피자를 배달하기 위해 배달 트럭 안에서 피자를 요리한다는 기발한 아이디어로 20억 달러^{약 2조 2000억원}의 기업 가치를 인정받았던 '줌 피자'도 2020년 2월에 식품 패키지 업체로 피봇팅했습니다. 로봇 공정 시스템을 도입해 컨베이어 벨트처럼 햄버거를 만들던 '크리에이터'도 임시 휴업에 들어갔습니다. 미국의 로봇 레스토랑 대표 주자 중 그래도 선방하고 있는 곳은 냄비 로봇이 샐러드 보울을 요리해주는 '스파이스'였습니다. 스파이스는 2020년 11월 매장을 이전하면서 업그레이드해 로봇 레스토랑의 가능성에 대한 불씨를 살렸습니다.

그나마 중국의 로봇 레스토랑 대표 업체들의 사정은 나은 편입니다. 로봇 팔이 바리스타와 바텐더 역할을 동시에 하는 '레시오'는 상하이에서 3개 지점을 운영하면서, 추가로 싱가폴에 하나의 매장을 더 열었고, 서빙 로봇으로 인기를 끈 '로봇 허'도 매장 수를 늘리지는 못했지만 여전히 성업 중입니다. 또한 베이징의 하이디라오 스마트 레스토랑과

광저우의 천새 로봇 식당은 플래그십 스토어이기 때문에 당분간 그 역할을 이어갈 것으로 보입니다.

사람을 압도하는 효율성으로 F&B 매장의 미래가 될 것만 같았던 로봇 레스토랑에는 어떤 버그가 있었던 걸까요? 로봇 레스토랑은 2가지의 본질을 놓치며 오류가 발생하기 시작했습니다.

하나는 '맛'입니다. '카페 X'의 커피도, '줌 피자'의 피자도, '크리에이터'의 햄버거도 맛을 구현하는 데는 성공했지만, 맛이 뛰어나지는 않았습니다. 특히 줌 피자는 사업을 접는 이유를 명시적으로 밝혔습니다. 피자 맛이 상대적으로 떨어지고, 배송 중에 요리를 하는 과정에서 치즈가 한쪽으로 쏠리는 등 피자를 제대로 내놓을 수 없었다고요.

맛이 떨어지는 만큼 가격도 떨어진다면 오류를 무시할 수 있었겠지만, 그렇지도 않았습니다. 카페 X의 아메리카노는 3달러로 스타벅스의 아메리카노보다 비싸고, 크리에이터의 햄버거는 6달러로, 맥도널드에서는 세트 메뉴를 시킬 수 있는 정도의 가격대였습니다. 음료나 음식의 맛과 가격이 받쳐주지 못하는데도, 로봇이 요리를 하거나 속도가 빠르다고 로봇 레스토랑을 찾는 사람은 많지 않을 가능성이 높습니다.

미쉐린 스타 셰프 다니엘 블뤼   ©Spyce

그렇다면 냄비 로봇이 요리를 해주는 스파이스는 어떻게 살아남을 수 있었을까요? 이곳은 다른 로봇 레스토랑과 달리 로봇이 아니라 사람이 샐러드 보울의 맛을 관리합니다. 스파이스는 미쉐린 스타 셰프 '다니엘 블뤼'를 요리 책임자로 영입해 메뉴를 개발하고 요리의 수준을 끌어올렸습니다. 게다가 가격도 7.5달러로, 보통의 샐러드 보울 가게 대비 경쟁력이 있습니다. 로봇 레스토랑 중에서 그래도 선전을 하고 있는 이유입니다.

로봇 허 수산물 코너

©트래블코드

또 다른 하나는 '고객 경험'입니다. 중국의 로봇 레스토랑 업체들은 이 부분을 놓치고 있지 않기에 버그가 날 확률이 줄어듭니다.

'레시오'에서는 바리스타와 바텐더의 역할을 동시에 하는 로봇을 '코봇Cobot'이라 부릅니다. 사람을 대체하는 로봇이 아니라 사람과 협업하는 로봇이란 뜻이죠. 그래서 반복적인 업무와 로봇이 더 잘할 수 있는 일은 로봇이 하되, 로봇이 대체할 수 없거나 대체하면 품질이 떨어지는 영역의 일은 사람이 합니다.

그렇다면 로봇보다 사람이 더 잘할 수 있는 일은 무엇일까요? 바리스타나 바텐더의 역할 중 음료 제조만큼이나 중요한 것이 접객입니다. 레시오에서는 사람의 세심한 배려와 유연한 전문 지식이 필요한 고객 응대는 직원이 하고, 단순 반복 업무에 해당하는 음료 제조에만 로봇이 관여합니다.

'로봇 허'도 고객 경험에 신경을 썼습니다. 이곳에선 해산물 요리의 재료를 직접 고르는 재미를 제공합니다. 고객이 한 층 아래에 있는 수산물 코너에서 랍스터, 대왕조개 등을 구매한 후, 어떻게 요리할지 선택하면 장바구니가 컨베이어 벨트를 타고 로봇 허 레스토랑으로 이동합니다. 이렇게 집하된 장바구니들을 분류 로봇이 음식의 종류, 조리 전까지의 대기 시간 등을 고려해 분류해 놓으면, 셰프들이 주문 내역에 맞춰 요리를 하는 거죠. 재료를 눈으로 확인하고 싶거나 직접 고르는 재미를 즐기려는 고객들이 선택적으로 이용하는 서비스이지만, 이러한 서비스 덕분에 고객 경험이 살아납니다.

훠궈 브랜드인 '하이디라오'는 원래부터 고객을 극진하게 대접하기로 유명합니다. 어느 정도냐면, 대기 고객에게 네일케어 서비스를 제공하거나, 가방에 국물이 튀지 않도록 덮어주기도 하고, 혼자 온 손님을 위해선 건너편 자리에 인형을 놓아주기도 할 정도입니다. 고객 만족 경영으로 하버드 비즈니스 리뷰에 사례로 소개되기도 했죠.

이렇게 접객을 중시하는 하이디라오가 로봇 레스토랑을 열었으니 고객 경험을 포기한 걸까요? 그럴 리 없습니다. 직원들이 하이디라오의 핵심인 접객 서비스에 더 집중할 수 있게 만드는 것이 로봇 도입의 목적입니다. 그래서 조리부터 서빙까지 대부분의 과정을 로봇화했지만, 같은 규모의 일반 매장 대비 직원 수를 약 25%밖에 줄이지 않았습니다.

무인 시스템은 미래 지향적이긴 해도, 오프라인 매장의 미래가 되기엔 본질적으로 한계가 있어 보였습니다. 도입 비용까지 고려하면 더 거리가 먼 미래였습니다. 퇴사준비생 이모씨는 무인 시스템으로 운영하는 매장에 대해 한참을 스터디한 끝에 결론을 내렸습니다. 인건비가 오르고 임대료가 높아지는 상황 속에서 무인 키오스크 등을 도입해 운영 효율성과 수익성을 일정 수준 개선하는 정도가 지금 상황에서 할 수 있는 최선이라고요. 그렇게 미국과 중국에서의 벤치마킹 트립을 마치고 다시 가게로 돌아왔는데, 또 다른 문제가 기다리고 있었습니다.

'손님들이 더이상 줄을 서지 않았습니다.'

　습관적으로 원조 짜장면 가게로 고개를 돌려봤는데, 거기에는 여전히 사람들이 줄을 서 있었습니다. 이건 또 어찌 된 일일까요?

03

무엇이 오프라인 비즈니스를 무너지게 하는가?

줄을 빨리 줄이는 방법을 찾아왔는데, 줄이 아예 사라져 버렸습니다. 벽을 손보러 망치를 가져오는 동안 벽이 없어진 꼴입니다. 손님들이 여전히 줄을 서 있는 원조 짜장면 가게를 보고 있노라니 눈앞이 캄캄해졌습니다. 내일은 다를 거란 기대로 기다려봐도 상황이 달라지지 않았습니다. 며칠이 지나도 손님들이 다시 줄을 설 기미를 보이지 않자, 퇴사준비생 이모씨는 문제를 해결하기 위해 원인이 무엇일지 고민하기 시작합니다.

직감적으로 떠오른 건 배달 앱이었습니다. 원조 짜장면 가게에서 배달을 시켜 먹을 수 있게 되어 더이상 손님들이 퇴사준비생 이모씨의 가게에 줄을 서지 않는 거란 가설이었죠. 원조 짜장면 가게 사장님에게 물어보니, 가게를 연 이후 지금까지 한 번도 음식 배달을 한 적이 없다고 했습니다. 배달의 효용을 모르는 바 아니지만 짜장면을 배달하면 면이 불어서 맛이 떨어진다는 거죠. 맛이 생명이니 맛을 포기할 수는 없다는 말을 덧붙였습니다. 역시 원조다운 원칙이었습니다. 배달 앱 때문은 아닐 거라 결론지으려는데, 원조 짜장면 가게 사장님이 질문의 의도를 눈치챘는지 의미심장한 말을 툭 던집니다.

"짜장면 가게끼리만 경쟁한다고 생각하지 말아요."

입지가 좁아져버린 '입지'

그 말을 듣고 보니, 원조 짜장면 가게에서 배달을 안 한다고 해도 타격이 있을 수 있겠다는 생각이 들었습니다. 배달 앱이 경쟁의 범위를 넓혔으니까요. 과거에는 밥을 먹기 위해 멀리 가기가 힘들고, 귀찮고, 점심시간에 쫓겨서라도 가까이 있는 식당에서 줄을 서서 먹었는데, 이제는 배달 앱이 있으니 먼 거리에 있는 식당에서도 주문해서 먹게 된 거죠.

비록 원조 짜장면 가게의 인기에 업혀 가려고 그 가게

를 카피하고 그 옆에다가 매장을 냈지만, 매장이 대학교와 병원 입구의 길목에 위치해 있어 '입지'만큼은 기가 막히다고 자부했는데 이제 상황이 달라졌습니다. 배달 앱이 오프라인 매장의 핵심이었던 입지의 입지를 흔들리게 한 거죠. 이제 근처에 있는 식당끼리 아웅다웅하던 시대가 끝나간다는 생각을 하고 있는데, 눈앞에 또 다른 변화의 조짐과 징후가 포착되었습니다.

학교에서 나온 대학생들이 전동 킥보드를 타고 어디론가 이동하고 있었던 거죠. 망치를 든 사람 눈에는 주변의 모든 것이 못으로 보이듯, 가게 앞에 줄을 서지 않는 이유를 고민하다 보니 전동 킥보드를 탄 대학생들이 학교 입구에서 멀리 떨어진 다른 식당을 찾아가는 것처럼 보였습니다. 과거에는 볼 수 없었던 풍경을 보면서 오프라인에서 입지의 중요성이 무너지고 있다는 가설에 점점 더 확신이 들었습니다. 그래서 리서치를 추가적으로 해보니 가설을 뒷받침하는 데이터가 있었습니다.

전동 킥보드를 이용할 경우 대중교통만 이용한 날 대비 지하철역에서 250m 이내에 위치한 식당과 상점에서 결제한 비율이 5.8% 포인트 감소한다는 조사였습니다. 대중교통만 이용한 날에는 결제액 47.7%가 250m 이내의 매장에서 이루어졌는데, 전동 킥보드를 이용한 날에는 41.9%로 줄어들었다는 거죠.

줄어든 만큼의 비율을 지하철역에서 250~500m 떨어진 매장과 500m 넘게 떨어진 매장이 각각 2.8% 포인트와 3% 포인트씩 나눠 가졌습니다. 음식을 먹거나 물건을 사러 더 멀리 이동한다는 뜻이었습니다. 전동 킥보드 사용자가 늘어날수록 지하철역에 있는 매장들의 입지가 좁아질 것이 분명해 보였습니다. 어느 카드사에서 3만 5,000명의 카드 사용자를 대상으로 한 분기 동안 조사한 결과라 일시적인 현상이 아니라 추세로 볼 수 있을 정도의 수치였습니다.

그러고 보니 오프라인 매장 입지의 중요성은 배달 앱과 전동 킥보드가 등장하기 이전부터 금이 가기 시작했습니다. 과거에는 매장이 골목 안쪽이나 외진 곳에 있으면 고객이 찾아가기가 어려웠는데, 이제는 주소만 있으면 스마트폰으로 지도를 보며 쉽게 찾아갈 수 있어 굳이 대로변이나 고객 동선상에 위치할 필요가 없어졌습니다.

홍보도 마찬가지입니다. 과거에는 골목 안쪽이나 외진 곳에 있으면 알릴 방법이 제한적이었는데, 이제는 인스타그램 등 SNS로 매장의 존재를 퍼뜨릴 수 있으니 꼭 유동 인구가 많은 곳에 매장을 내지 않아도 매장 운영이 가능해졌습니다.

원조 짜장면 가게를 카피하긴 했어도, 오프라인 매장의 핵심인 입지가 좋아서 모객에는 문제가 없을 줄 알았는데 오산이었습니다. 로봇 레스토랑을 벤치마킹할 때만 해도 무인화 시스템은 먼 미래의 모습으로 보인 반면, 배달 앱과 전동 킥보드 등이 만들어낸 변화는 이미 와버려 돌이키기 어려운 미래일 거란 생각이 들었습니다.

가게에 손님들이 줄을 서지 않는 원인을 찾은 듯했지만, 여전히 찜찜한 구석이 있었습니다. 배달 시장과 전동 킥보드가 영향을 미친 건 알겠는데, 그 성장세 대비 손님의 줄이 사라지는 속도가 더 빠르다는 것이었습니다. 무언가가 더 있지 않고서는 설명이 되지 않는 현상이었습니다. 또 다른 원인을 찾기 위해 머리를 굴리고 있는데, 때마침 테이블에서 식사를 하는 손님들의 대화 소리가 들려옵니다.

"며칠 전에 집에서 끓여 먹은 짬뽕이 더 맛있는 거 같아."

식당과 한 테이블에 앉은 간편식

귀를 의심했습니다. 수십 년간, 수만 명의 사람들에게 검증

받은 원조 짜장면 가게의 레시피를 카피해서 맛을 똑같이 구현했는데 인스턴트 짬뽕과 비교되는 건 이해하기가 어려웠습니다. 하지만 줄 서지 않는 원인을 찾고 싶기에 일단 그들의 이야기를 있는 그대로 받아들이고, 집에 가는 길에 마트에서 인스턴트 짬뽕을 사서 끓여 먹어보기로 합니다.

마트에 가서 라면 코너 앞에 섰다가, 예전에 라면 코너를 지나치면서 들었던 생각이 떠올랐습니다. 라면 가격이 많이 올랐다는 인상을 받았었는데, 그 느낌이 데자뷰처럼 다시 펼쳐진 거죠. 어렸을 적부터 먹었던 라면들은 물가 상승분을 반영하여 가격이 오른 것으로 보였지만, 새롭게 출시된 낯선 이름의 라면들은 가격대가 달랐습니다. 일반 라면보다 2배가량 비쌌죠.

라면이 이렇게 비싸도 팔리는지가 의문이었으나, 내 코가 석자이니 그런 걸 따질 때가 아니었습니다. 넘쳐나는 라면 브랜드 속에서 '진짬뽕'을 찾았습니다. 한 때 잠시 동안이나마 전통의 강호인 '신라면'의 판매량을 넘어섰다는 기사를 본 기억이 있어서죠. 왠지 가게에 왔던 손님이 말한 짬뽕이 진짬뽕일 것 같았습니다. 5개입 봉지를 사니 가게에서 파는 짬뽕 한 그릇과 가격이 얼추 비슷했습니다.

그래도 명색이 짜장면 가게 사장이라, 짬뽕에 대한 나

름의 주관이 있었습니다. 짬뽕은 매운맛이 아니라 불맛을 담아내는 게 중요해서 인스턴트 라면은 따라올 수 없는 경지가 있다는 거죠. 하지만 진짬뽕을 먹으면서 고정관념이 깨졌습니다. 어떻게 맛을 냈는지는 모르겠지만, 라면 스프에 불맛까지 담겨 있었습니다. 그제서야 손님이 했던 이야기가 이해가 갔습니다. 팔은 안으로 굽는다고 가게에서 주방장이 끓인 짬뽕보다 더 맛있는 거 같지는 않았으나, 분석적으로 먹지 않는 이상 사람들은 큰 차이를 느끼지 못할 게 분명했습니다.

이처럼 인스턴트 라면이 불맛까지 흉내 낼 수 있는 수준이라면, 기준점을 어디에 두느냐에 따라 라면의 가치가 달라집니다. 일반 라면과 비교하면 2배나 비싼 프리미엄 라면이지만, 짜장면 가게의 짬뽕과 비교하면 1/5 정도나 값이 저렴한 라면인 거죠. 배달 앱과 전동 킥보드가 경쟁의 지역적 범위를 넓혀 놓은 것도 감당하기 벅찬데, 이제 체급이 다른 대기업의 간편식과도 고객군이 겹치니 살아남기가 더 어려워집니다.

줄을 서지 않는 이유에 대해 조금 더 알게 되었으나, 퇴사준비생 이모씨에게는 여전히 풀리지 않는 의문이 있었습니다. 원조 짜장면 가게도 마찬가지 상황일 텐데, 어째서

옆 가게에는 손님들이 변함없이 줄을 서고 그의 가게에만 줄 서 있는 손님들이 사라진 건지가 궁금했습니다. 원조 짜장면 가게와 사실상 똑같은 가게인데 말이죠. 도무지 알 수가 없었습니다. 스스로는 답을 찾을 수 없어서 혹시나 하는 심정으로 최근에 뽑은 대학생 아르바이트생에게 이유를 물어봤다가 그로부터 힌트를 얻습니다.

"옆 가게와 너무 똑같은 게 득이 아니라 독이 된 거 아닐까요?"

MZ세대의 새로운 키워드

어리둥절했습니다. 맛있기로 소문난 원조 짜장면 가게와 맛이 똑같은 짜장면의 공급을 늘렸으니 소비자 효용이 높아졌을 텐데, 그게 독이 될 수 있다는 의견에 선뜻 동의할 수 없었던 겁니다. 물론 레시피를 그대로 카피한 점이 마음에 걸리긴 했지만요. 그럼에도 손님들이 더이상 줄을 서지 않는 이유를 알고 싶었던 그는 아르바이트생의 조언을 일단 받아들이고, 가게의 주요 타깃층인 요즘 대학생들의 사고방식을 스터디하기 시작합니다.

요즘 대학생들은 Z세대라고 불리고 있었습니다. X세

대인 퇴사준비생 이모씨는 명칭에서부터 격세지감을 느낍니다. X와 Z세대 사이에는 왠지 Y세대가 있을 거 같아 알아보니 Y세대라는 이름 대신 밀레니얼 세대로 명명한 세대가 있었죠. 그리고 밀레니얼 세대와 Z세대를 통칭해 MZ 세대라고 불렀습니다. 세대를 정의하는 곳마다 약간의 차이가 있어 세대별로 명확한 구분선을 긋기가 애매했지만, 대략적인 기준은 있었습니다. 밀레니얼 세대는 1980년대 초반에서 1990년대 중반 사이, Z세대는 1990년대 중반부터 2000년대 중후반 사이에 태어난 세대로 정의하고 있었습니다.

서로 다른 점이 있으나 밀레니얼 세대, Z세대 혹은 MZ 세대를 엄밀하게 구분 짓기보다는 큰 틀에서 소비의 중심이 되는 젊은 세대 정도로 이해하면 될 것으로 보였습니다. 나이 차이를 떠나 젊은층이 소비하는 방식에 대세가 되는 흐름이 있는 건 분명했습니다. 이렇게 소비의 중심이 되는 젊은 세대를 MZ 세대로 부르기로 하고 여러 자료를 참고해 보니, 다양한 특징들 중에서도 눈에 들어오는 공통의 키워드가 있었습니다.

진정성, 다양성, 투명성

MZ 세대는 업에 대한 철학이 있고, 사회 문제에 적극적인 브랜드를 선호합니다. 가치 있는 소비를 중시하는 거죠. 철학과 사회 문제를 구호로만 외치는 것이 아니라 적극적으로 실천하는 기업에 대해서는 '돈쭐'을 내줄 만큼 젊은 세대는 진정성 있는 브랜드를 소비하고, 그것을 알리는 데 주저함이 없습니다. 참고로 돈쭐은 '돈+혼쭐'의 합성어로 선한 영향력을 행사하는 기업의 제품이나 서비스를 구매함으로써 기업의 행보를 응원하는 것을 의미합니다.

또한 MZ 세대는 통일성보다 다양성에 더 익숙합니다. 어릴 때부터 해외여행을 다니면서 다른 환경을 경험했고, 유튜브나 SNS를 통해 다양한 캐릭터와 컨텍스트에 자연스럽게 노출되었기 때문이죠. 시대의 특성상 다양함을 접할 기회가 제한적이어서 끼리끼리 어울렸던 이전 세대와는 사고방식에 차이가 있을 수밖에 없습니다. 그래서 MZ 세대는 인종, 국적, 성소수자 이슈처럼 거대한 담론뿐만 아니라 개인의 사소한 취향에 대해서도 다름을 인정하고 존중하는 편입니다.

그뿐 아니라 MZ 세대에겐 투명성도 중요합니다. 기업 혹은 브랜드가 솔직한 커뮤니케이션을 하기를 바라는 거죠. 그래서 얄팍한 술수로 소비자를 현혹시키려 하거나 문제가 발생했을 때 쉬쉬하면서 얼렁뚱땅 넘어가려는 경우엔 MZ 세대에게 혼쭐이 납니다. 과거와 달리 정보의 유통이 빠르고, 누구나 정보를 손쉽게 생산할 수 있기에 가능한 일입니다. MZ 세대에게 투명성이 얼마나 중요한지, 재료비, 인건비, 마진 등 제품의 원가 구조까지 투명하게 공개하는 기업도 있을 정도죠.

　　가게의 주 소비층인 MZ 세대에 대해 스터디를 하고 나니 원조 짜장면 가게에는 여전히 손님들이 줄을 서고 그의 가게에는 줄을 서지 않는 이유를 어렴풋이나마 알 것 같았습니다. 두 가게 모두 배달을 안 하는 건 마찬가지였지만, 원조 짜장면 가게는 짜장면의 맛을 포기할 수 없어서 배달을 '안' 하는 거였고 그의 가게는 오퍼레이션을 감당할 수가 없어서 배달을 '못'하는 거였습니다. 그의 가게와 달리 원조 짜장면 가게에는 짜장면 맛에 대한 진정성 있는 철학과 자부심이 있었던 거죠.

　　다양성 측면에서도 그의 가게는 원조 짜장면 가게에 밀릴 수밖에 없었습니다. 자기만의 개성이 있는 가게가 아니라 그대로 따라한 카피캣이기 때문이죠. 오히려 가게에 럭셔리 브랜드 냄비를 진열해두고, 손님이 진열된 럭셔리 브랜드 냄비 중에서 마음에 드는 냄비를 골라, 짜파게티나 짜왕 등의 인스턴트 라면을 직접 끓여 먹게 했다면 나름의 차별성으로 어필할 수 있었을 거란 생각이 들었습니다. 맛이 떨어지더라도 인스턴트 라면을 럭셔리 브랜드 냄비에 끓여 먹는 재미는 줄 수 있을 테니까요.

투명성은 말할 것도 없었죠. 원조 짜장면 가게의 레시피를 그대로 카피했지만, 어떻게 카피했는지는 아무도 모릅니다. 아무리 레시피에는 저작권이 없다고 해도, 고객들이 봤을 때는 무언가 의뭉스러운 구석이 있는 거죠. 물론 원조 짜장면 가게도 투명하진 않습니다. 레시피나 원가 구조 등을 공개하진 않죠. 그러나 MZ 세대들도 영업 비밀에 해당하는 부분까지 오픈하길 기대할 정도로 투명성의 범위를 확대하는 것은 아닙니다.

이제 줄을 서지 않는 원인을 어느 정도 파악했으니, 문제를 해결할 일이 남았습니다. 퇴사준비생 이모씨는 이 문제를 어떻게 풀었을까요?

스스로를 파괴하는 것이 혁신

막막했습니다. 원인을 알아야 대책을 찾을 수 있을 거라 믿었는데, 원인을 알고 나니 더 미궁 속으로 빠져들었습니다. 배달 앱, 전동 킥보드, 간편식, 소비 트렌드 등 거시적 변화야 바꾸는 것이 불가능했고, 오픈 이후 끊임없이 원조 짜장면 가게와 맛이 똑같다는 걸 강조해왔는데 이제 와서 변화를 시도하는 것도 쉽지 않아 보였습니다. 차라리 차별적인 컨셉으로 가게를 새로 런칭하는 편이 나았습니다.

한참을 고민한 끝에 퇴사준비생 이모씨는 가게를 접기로 결심합니다. 그리고 매장 운영의 실패 경험을 바탕으로 책을 쓰고 강연을 하기로 마음 먹었죠. 왜 그런 거 있잖아요. 월스트리트나 실리콘밸리에서 실수로 큰 실패를 하고, 그때의 경험과 배움을 전파하면서 돈을 버는 거요. 퇴사준비생 이모씨도 새로운 가게로 다시 도전하기보다 그의 시행착오를 남들은 겪지 않게 돕기로 합니다. 가게를 조금씩 고쳐나가며 개선하는 대신 스스로 파괴하면서 혁신을 꾀한 셈입니다.

그가 주목한 건 오프라인 비즈니스의 미래였습니다. 그는 온라인, 모바일의 진격 속에서 오프라인 비즈니스 중 식당은 그나마 형편이 나을 거라 봤었습니다. 물론 음식도 배달되는 시대지만, 아무래도 음식은 요리 직후 바로 먹을 때 더 맛있는 등의 현장 경쟁력이 있으니까요. 그러나 생각과는 다르게 식당도 상황이 좋지 않았습니다. 오프라인의 강섬이 있는 식당도 이러한 진데, 물건을 파는 리테일 매장의 상황은 더 심각할 수밖에 없죠. 그래서 온라인, 모바일 시대에 오프라인 비즈니스는 어떻게 될 것인지를 스터디 해보기로 합니다. 그렇게 방향성을 정하고 그가 던진 첫 번째 질문은 이것입니다.

'온라인, 모바일 시대에 오프라인 비즈니스는 어떻게 살아남는가?'

04

오프라인 비즈니스의 상식이 뒤집힌다

누구라도 탓하고 싶었습니다. 가게가 망했으니 쓰린 마음을 풀 곳이 필요했던 거죠. 하지만 퇴사준비생 이모씨는 남 탓을 해봐야 소용없다는 걸 잘 알고 있었습니다. 결국 세상의 변화를 읽지 못하고 과거의 방식으로 가게를 연 자신의 잘못임을 모르지 않았죠. 그나마 혼자만의 사정이 아니라는 점이 위로가 되었습니다. 내로라하는 오프라인 리테일 브랜드들도 줄지어 파산했으니까요.

스터디를 시작해보니 장난감 왕국 '토이저러스', 프리미엄 식료품 체인점 '딘앤델루카', 전통의 패션 브랜드 '브룩스 브라너스', 미국 최고급 백화점 '니만마커스' 등 전통의 강자들도 업종을 불문하고 서로 경쟁하듯 사라졌더군요. 일시적 현상도 아니었습니다. 글로벌 금융 기관인 'UBS'는 2025년까지 미국의 10만여 개 매장이 문 닫을 거라 예측했습니다. 2008년 금융 위기로 인한 경기 침체기 대비 3배가 넘는 수치입니다.

'오프라인의 종말The retail apocalypse'이라고 불릴 만큼 오프라인 리테일 브랜드들이 속절없이 무너지고 있었습니다. 원인으로 지목되는 건 온라인 커머스였죠. 온라인 커머스가 오프라인 리테일 시장을 대체하고 있다는 겁니다. 가격도 싸고, 종류도 많고, 결제도 편리하며, 심지어 배송도 빨라 가뜩이나 온라인 커머스의 성장세가 가팔랐는데, 코로나19 팬데믹이 그 추세를 가속화했습니다.

미국의 경우 2010년 이후 약 16% 정도의 연평균 성장률을 기록하던 온라인 커머스 시장이 코로나19 팬데믹이 본격화된 2020년 2분기, 3분기, 4분기에는 전년대비 각각 44%, 36%, 32%씩이나 성장했습니다. 여전히 전체 리테일 시장 중 오프라인 리테일의 비중이 80% 이상으로 절대적인 수준이지만, 온라인 커머스의 성장세가 오프라인 리테일의 성장세를 꾸준히 압도하면서 그 비중을 키워갈 것은 분명해 보였습니다.

시장을 뺏어가니 오프라인 리테일 입장에서 온라인 커머스는 적인 셈이죠. 하지만 퇴사준비생 이모씨는 온라인 커머스 때문에 오프라인 비즈니스의 종말이 올 거라고 단정적으로 접근하기보다, 미래를 좀 더 입체적이고 균형적으로 이해해 보고 싶었습니다. 그래서 현상의 뒷모습을 캐기 시작합니다.

몰락과 혁신은 동전의 양면

'왜 유독 미국에 파산한 오프라인 리테일 브랜드가 많은 걸까?'

오프라인 비즈니스의 미래를 절망적으로 예측할 때 근거로 드는 사례들을 보면서 퇴사준비생 이모씨가 품었던 의문입니다. 보통의 경우 글로벌 동조화 현상이 있는데, 미국의 오프라인 리테일 파산 사례는 우리나라를 비롯해 여느 나라와도 동조화가 약해 보였습니다. 심지어 우리나라는 온라인 커머스가 더 발달되어 있음에도 불구하고, 파산한 오프라인 리테일 브랜드를 찾기가 쉽지 않았습니다.

국민 1인당 오프라인 리테일 면적 (단위:ft²)

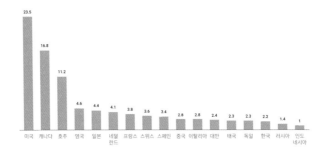

Source: Statista

'오프라인 리테일 시장이 과잉인 게 아닌가?'

그는 이런 가설을 가지고 리서치를 했습니다. 아니나 다를까 미국 오프라인 리테일 시장은 부풀어져 있었죠. 시장 조사 전문 업체 '스테티스타'에 따르면 미국의 경우 국민 1인당 오프라인 리테일의 면적이 23.5 평방피트[2.18m²]로 전 세계 1위였습니다. 23.5 평방피트면 1평[3.3m²]이 채 안 되니 작다고 느낄 수 있지만 2위인 캐나다보다 40%가량, 3위인 호주보다는 100% 이상 더 컸습니다. 선두권과도 차이가 현저한데, 중위권 국가들과 비교하면 격차가 더 벌어집니다. 영국, 프랑스, 일본 등에 비하면 5배 이상, 독일, 한국, 중국 등에 비하면 10배 이상 더 넓었습니다.

소득 수준, 인구수, 국토 면적, 소비 문화 등의 변수를 감안한다 해도 이 정도의 차이면 거품이 끼어 있다고 해석할 수 있는 거죠. 반대로 미국의 수치가 정상적인 수준이라면 다른 나라들의 성장세가 폭발적이어야 할 텐데, 그렇지는 않으니까요. 온라인 커머스가 없었다고 해도 거품이 꺼지면서 자연 도태되는 게 이상하지 않은 상황입니다. 그래서 오프라인 리테일 브랜드들이 파산하는 원인을 온라인 커머스 탓으로만 돌리기는 어렵습니다. 물론 거품을 터뜨리는 바늘 역할을 했지만요.

퇴사준비생 이모씨는 이러한 미국 시장의 특수성에 주목했습니다. 과열된 시장에서 살아남기 위해 선제적으로 혁신적인 시도를 할 가능성이 높기 때문이죠. 그래서 미국 시장에서 온라인 커머스로 인해 '사라진' 것이 아니라 '달라진' 오프라인 비즈니스 사례들을 찾아보기 시작합니다. 안 그래도 경쟁이 심한데, 온라인 커머스의 공습까지 몰려오는 상황 속에서 오프라인 비즈니스를 하는 브랜드들은 어떻게 변화하면서 대응하고 있는 걸까요?

온라인을 매장으로 - 채널의 경계가 무너진다

모두가 절망을 이야기할 때 누군가는 희망을 쏘아 올렸습니다. 할인 마트의 원조 '월마트', 백화점 같은 할인점 '타깃', 전자제품 전문점 '베스트바이' 등이 코로나19 팬데믹 시기에도 시장 예상치를 웃도는 매출을 기록하면서 오프라인 리테일에도 미래가 있다는 걸 증명했습니다. 어느 정도냐면, 2020년 3분기 기준으로 월마트, 타깃, 베스트바이의 미국 내 매출액이 전년 동기 대비 각각 6.4%, 20.7%, 22.6%씩 증가한 거죠.

믿기 어려운 숫자였습니다. 셧다운을 한 기간도 있었다는데 매출이 어떻게 증가할 수 있는지가 궁금했습니다. 그래서 분석을 해보니 공통점이 있었습니다. 어닝 서프라이즈를 견인한 건 자체 온라인 커머스의 성장이었습니다. 월마트, 타깃, 베스트바이의 온라인 부문 매출이 각각 79%, 155%, 174%씩 큰 폭으로 올랐죠. 세 업체 모두 여전히 오프라인 매출 비중이 전체의 80% 이상을 차지해 전체 매출 증가율은 희석되었지만, 일찌감치 온라인 커머스를 오프라인 매장과 유기적으로 연계해 온 시도가 빛을 발한 것입니다.

월마트 광고 'Famous visitor'　　　　　　　　　　　　　　　　©Walmart

'그렇다면 결국 온라인 커머스 아닌가?'

　　퇴사준비생 이모씨는 다시 머리가 복잡해졌습니다. 그래서 머리도 식힐 겸 유튜브 영상을 보다가 우연히 월마트 광고를 보게 됩니다. 월마트 검색을 하도 많이 했더니 알고리즘이 월마트 광고를 추천해 준 거죠. 그는 광고를 보다가 머리가 번쩍입니다. '토이스토리', '토르', '스타워즈' 등의 주인공들이 외계에서 지구의 월마트로 물건을 픽업하러 오는 컨셉의 광고인데, 광고를 통해 월마트에서 강조한 건 '클릭 앤 콜렉트^{Click and collect, 온라인 주문 후 픽업}'였습니다. 온라인 커머스가 빠른 속도로 성장하고 있지만 월마트는 온리인 커머스가 아니라 온라인 커머스와 오프라인 매장을 연계한 옴니 채널Omni-channel을 지향한다는 뜻입니다.

옴니 채널은 단순히 온라인으로 판매 채널을 늘리는 멀티 채널Multi-channel과는 다릅니다. 멀티 채널은 판매처를 다양화해 매출 접점을 늘리는 유통 방식입니다. 판매가 우선이라 채널 간 연계성을 고려하진 않죠. 반면, 옴니 채널은 다양한 유통 채널을 하나로 연계해 고객 접점을 확대하고 고객 편의를 높이는 개념입니다. 고객 관점에서, 고객 중심으로 유통 채널을 설계하는 거죠. 그래서 멀티 채널과 달리 옴니 채널에서는 온라인에서 구매하고 오프라인 매장에서 픽업을 하거나, A지점에서 구매한 제품을 B지점에서 반품하는 등의 고객 경험이 가능해집니다.

이렇게 하니 오프라인의 경쟁력이 살아납니다. 물론 자체 온라인 커머스가 없는 오프라인 리테일에도 강점은 있습니다. 제품을 눈으로 확인할 수 있고, 현장에서 바로 구매할 수 있으며, 쇼핑하는 즐거움이 있죠. 하지만 온라인 커머스와의 대결 구도에서 사실상 온라인 커머스가 판정승을 거두었습니다. 강점 대 강점으로는 판세를 뒤집기 어려워 보이는데, 옴니 채널을 구축하니 오프라인 리테일의 강점이 온라인 커머스 업체에는 없는 차별점으로 바뀝니다.

월마트의 광고를 본 후 퇴사준비생 이모씨는 생각을 바꿉니다. 오래전부터 언급되던 개념이라 옴니 채널 전략은 식상하다고 생각했었죠. 그러나 오프라인 비즈니스의 미래를 찾기 위해 조사를 이어가다 보니 옴니 채널을 제대로 구현한 브랜드들이 아직도 많지 않을뿐더러, 옴니 채널이 오프라인 비즈니스의 상식을 뒤집고 변화를 이끄는 중요한 출발점이라는 것을 깨닫습니다. 그래서 그는 옴니 채널로 가능해지는 변화의 진화를 분석해 보기로 합니다.

매장에서 매'장'으로 – 공간의 구성이 달라진다

매장은 '물건을 파는 장소'입니다. 한자로는 '팔 매賣'와 '마당 장場'을 쓰죠. 그동안 오프라인 매장은 이 뜻에 걸맞은 곳이었습니다. 물건을 사는 장소로서 기능했습니다. 하지만 온라인 커머스가 일상에 침투하면서 오프라인 매장은 이름값에 충실하지 못한 곳으로 바뀌었습니다. 사람들이 온라인 커머스에서 물건을 샀으니까요. 온라인 커머스 업체에 밀려 고전하던 월마트, 타깃, 베스트바이 등의 오프라인 매장은 태세를 전환합니다. '물건을 파는賣 곳'이 아니라 '물건을 두는 장소場'에 초점을 맞추면서 배송 거점의 역할을 부여한 거죠.

옴니 채널로 업그레이드한 후 매장의 역할을 변화시키니 배송 경쟁력이 생깁니다. 온라인 주문이 들어오면 멀리 위치한 물류 센터가 아니라 주문자와 가장 가까운 매장에서 배송하기 때문이죠. 참고로 월마트는 오프라인 매장에서 10마일약 16km 이내에 거주하는 인구가 미국 전체 인구의 90%, 타깃은 75%, 베스트바이는 70% 이상입니다. 그렇기 때문에 매장에서 배송 서비스를 하면 아마존도 하기 어려운 당일 배송이 가능합니다. 타깃의 경우 각 오프라인 매장이 물류 센터를 대신해 온라인 주문의 95%를 소화했습니다.

반대의 방식도 가능합니다. 오프라인 매장에서 배송을 하는 것이 아니라 온라인으로 주문한 고객이 매장을 방문해 직접 물건을 가져가는 것입니다. 클릭 앤 콜렉트 또는 BOPISBuy Online Pick-up In Store라고 부르는 방식입니다. 오프라인 매장 내 픽업 존을 마련하는 건 기본이고, 일부 매장은 24시간 픽업할 수 있는 키오스크를 설치해 두기도 합니다. 특히 코로나19 팬데믹 이후에는 '커브사이드 픽업'이 보편화되고 있죠. 커브사이드 픽업은 고객이 매장에 들어갈 필요 없이 주차장에 차를 대면 직원이 차로 물건을 가져다주는 서비스입니다.

그뿐 아닙니다. 오프라인 매장이 온라인 커머스의 또

다른 약점을 보완하는 역할을 자처하기 시작합니다. 온라인 커머스의 아쉬운 점 중 하나는 물건을 구매할 때 실물을 볼 수 없다는 것입니다. 그래서 막상 구매한 후 마음에 들지 않아 반품하는 경우가 많습니다. 온라인 커머스 반품률은 25~30% 수준으로 오프라인 매장의 반품률보다 3배가량 높은 정도죠. 문제는 반품할 제품을 포장해야 하고, 배송 서비스를 신청해야 하는 등 반품하기가 은근히 귀찮다는 점입니다.

오프라인 매장이 이 틈을 파고들었습니다. 오프라인 매장 내에 반품 코너를 마련하고, 반품을 하러 온 고객들이 자연스럽게 매장으로 유입될 수 있게 하는 거죠. 이를 위해 옴니 채널의 접근을 넘어 경쟁사와 손잡는 경우도 있습니다. 미국의 중저가 백화점 '콜스'는 아마존과 손잡고 아마존에서 주문한 물건의 반품을 받아줍니다. 실험적으로 시도한 시카고 매장의 경우 매출 상승률은 10%, 신규 고객 유입률은 9%로 미국 전역 평균 대비 각각 2배와 9배가 증가했습니다. 이러한 결과에 힘입어 아마존 반품 서비스를 전국 매장으로 확대했죠.

이처럼 온라인 커머스와 유기적으로 연계되면서 오프라인 매장이 바뀌었습니다. 매장의 뒤편을 물류 센터처럼 활용한다든지, 입구 쪽에다가 픽업이나 반품 코너를 마련한다든지, 매장 대신 주차장의 면적을 늘린다든지 하면서 매장의 제품 진열 공간 비중을 줄였습니다. 그동안 주력했던 판매^{販賣}의 기능을 내려놓고, 온라인 커머스와 공생할 수 있도록 물건을 집적하고 보관하고 배송하는 마당^場으로서의 역할을 강화한 거죠. 오프라인의 변화는 여기서 그치지 않습니다. 또 다른 방향의 실험적인 진화도 일어나고 있습니다.

매장에서 매(장)으로 – 현장의 경험이 사라진다

커피가 아니라 공간을 판다고 했던 '스타벅스'가 변했습니다. 공간이 아니라 커피만을 파는 매장을 오픈한 거죠. 2019년 11월, 뉴욕에 픽업 전용 매장인 '스타벅스 픽업'의 첫 매장을 오픈한 이후 2022년 말까지 뉴욕, 시카고, 샌프란시스코 등에 300여 개의 픽업 전용 매장을 열겠다는 계획입니다. 스타벅스 픽업은 테이블과 의자가 없을 뿐만 아니라 현장에서 주문도 할 수 없는 매장입니다. 모바일 앱으로 주문하고 음료를 픽업하는 데만 집중한 모델이죠. 매장에서 '매'의 기능만 살리고 '장'의 역할을 내려놓은 셈입니다.

　　장점은 분명합니다. 좌석과 카운터를 없애니 매장의 크기가 일반 스타벅스 매장 대비 절반 수준으로 줄어듭니

스타벅스 픽업 전용 매장

다. 초기 인테리어 비용과 임대료를 낮출 수 있는 거죠. 또한 인건비도 절감할 수 있습니다. 주문받을 직원과 매장을 정리할 직원이 없어도 매장 운영이 가능하기 때문입니다. 수요가 있다는 전제하에 수익성이 높아질 수밖에 없는 구조입니다. 그렇다면 스타벅스는 '제3의 공간'과 커피를 마시는 경험을 판다는 스스로의 정의와 경영 철학을 포기하는 걸까요?

여전히 스타벅스는 공간과 경험을 중요시 여깁니다. 나만 고객의 소비 패턴과 시장 환경의 변화에 기민하게 대응하는 거죠. 이미 미국에선 80%가량의 고객이 모바일을 통해 테이크아웃 주문을 하고 있었는데, 코로나19 팬데믹이 이를 더 보편화시켰습니다. 그래서 픽업 전용 매장을 천천히 확대하려던 당초의 계획을 3~5년 정도 앞당긴 것입니다. 대신 공간과 경험을 판다는 정체성에 충실하기 위해 평균 면적이 1,600m²가 넘는 '스타벅스 리저브 로스터리'와 프리미엄 매장인 '스타벅스 리저브' 역시도 확대할 계획입니다. 고객 니즈와 시장 상황을 반영해 어중간한 매장을 줄이고 공간과 경험 중심의 대형 매장과 필요와 편의 중심의 소형 매장으로 이원화하겠다는 뜻입니다.

스타벅스뿐만 아닙니다. 패스트푸드 업계에도 픽업 전용 매장에 대한 실험이 시작되고 있습니다. 가장 적극적인 곳은 멕시칸 패스트푸드로 유명한 '치폴레'입니다. 치폴레는 2020년 11월, 뉴욕 주에 '디지털 키친'을 선보였습니다. 이곳은 픽업과 배달만 전문으로 하는 매장입니다. 좌석을 없앤 덕분에 디지털 키친의 면적은 일반 치폴레 매장 대비 1/2~1/4 수준입니다. 공유 주방인 고스트 키친과 유사해 보이지만 차이가 있습니다.

고스트 키친은 배달 기사만 출입이 가능한 반면, 디지털 키친은 고객이 방문하여 픽업할 수 있습니다. 또한 주방

치폴레 디지털 키친 ©Chipotle

시설만 있고 브랜딩은 없는 고스트 키친과 달리 디지털 키친에는 로비가 있어 고객이 치폴레의 음식 냄새나 요리하는 소리 등을 경험할 수 있습니다. 여기에다가 고객 출입구와 배달 기사 출입구를 분리해 번잡함도 줄였습니다. 치폴레의 브랜드 경험을 해치지 않으면서 가성비 높게 운영할 수 있는 모델입니다. 스타벅스와 마찬가지로 고객의 소비 패턴 변화를 읽었기에 가능한 시도죠.

이와 유사한 시도가 오프라인 리테일에서도 일어나고 있습니다. 월미트는 2019년, 일리노이주에 커브사이드 픽업 전용 매장인 '월마트 픽업 포인트'를 오픈했습니다. 이 매장에는 손님이 들어갈 수 없습니다. 온라인이나 모바일 앱으로 주문하고 주차장에 차를 대면 직원이 가져다주는 방식입니다. 마트에서 쇼핑하면서 즐거움을 찾는 고객들이 아니라 원하는 물건을 신속하고 편리하게 사고 싶은 고객들을 위한 모델입니다. 고객 효용이 명확한 만큼 매장의 이점도 분명합니다. 제품 진열, 고객 경험 등을 고려할 필요가 없으니 매장을 공장 시스템처럼 효율적으로 운영할 수 있는 거죠.

퇴사준비생 이모씨는 스타벅스, 치폴레, 월마트 등의 시도를 눈여겨볼 필요가 있다고 생각했습니다. 스타벅스 픽업, 치폴레 디지털 키친, 월마트 픽업 포인트 등이 보편화되면 오프라인 비즈니스의 효율성이 높아질 것으로 기대할 수 있기 때문이죠. 동시에 그는 의문도 들었습니다.

'스타벅스와 치폴레의 시도는 테이크 아웃 전문 식음료 브랜드들의 방식과 비슷한 거 아닌가?'

닮은 듯 보이는 두 모델 사이엔 작지만 큰 차이가 있습니다. 우선 태생과 목적이 다릅니다. 현장에서의 경험이 기본값이었던 브랜드들이 좌석을 없앤 매장을 시도하는 거죠. 애초부터 테이크 아웃을 비즈니스 모델로 하는 것이 아니라 고객 소비 패턴에 맞춰 오프라인 매장의 포트폴리오를 최적화해나가는 적응의 과정입니다. 또한 주문 방식도 다릅니다. 보통의 테이크 아웃 전문 식음료 브랜드들과 달리 현장에서 주문을 할 수 없다는 것입니다. 현장에서 주문을 할 수 없기에 공간 구성, 인력 관리, 매장 운영 등에서 차이가 생깁니다. 온라인과 오프라인이 하나로 연계되어 있어야 가능한 모델입니다.

별거 아닌 듯 보일 수 있어도, 픽업 전용 매장은 오프라인 비즈니스의 상식을 흔드는 진화입니다. 오프라인 매장의 강점인 현장의 경험을 과감하게 없앴기 때문이죠. 이처럼 매장에서 '장'의 역할을 없애는 진화도 있지만, 반대의 방식으로 상식을 뒤집는 진화도 있습니다. 매장에서 '매'의 역할을 사라지게 하는 거죠.

매장에서 (매)장으로 – 판매의 기능이 없어진다

팔지도 않은 물건을 환불해줘 유명해진 미국의 백화점이 있습니다. '노드스트롬'입니다. 사연은 이렇습니다. 어느 날 한 남성이 백화점으로 자동차 타이어를 가져와 환불해 달라고 요청했습니다. 직원은 잠깐의 내부 회의를 거쳐 손님에게 타이어 값을 돌려줬습니다. 여기까지야 어느 백화점에서나 있을 법한 이야기죠. 하지만 반전은 노드스트롬에서 타이어를 팔지 않는다는 겁니다. 물론 팔지도 않은 물건을 모두 환불해 주는 건 아닙니다. 그렇게 했다간 생떼를 쓰는 블랙 컨슈머를 감당할 수 없겠죠. 그날의 사연엔 또 다른 사정이 있었습니다.

이 일은 노드스트롬 알래스카주 앵커리지 지점에서 일어났습니다. 이 지점은 1970년대에 노드스트롬이 알래스카에 있던 지역 백화점을 인수한 후 노드스트롬으로 바꾼 곳이죠. 타이어 환불을 요구한 손님은 노드스트롬이 인수하기 전의 백화점에서 물건을 샀던 것입니다. 같은 장소에 있으니 고객은 동일한 백화점으로 착각을 했던 거고, 눈치 빠른 직원이 이를 고려해 환불을 해준 거죠. 노드스트롬은 이 사례로 고객 중심 경영과 서비스 마인드를 갖춘 백화점으로 확고한 포지셔닝을 굳힙니다.

물론 1970년대의 일화는 그 당시 백화점 비즈니스의 성공 방정식이자 미래입니다. 그럼에도 불구하고 퇴사준비생의 이모씨가 오프라인 비즈니스의 미래를 고민하면서 전설처럼 내려오는 노드스트롬의 고객 서비스를 떠올린 건,

노드스트롬 로컬

©Nordstrom

노드스트롬이 만들어 가는 미래에 여전히 고객 중심 경영과 서비스 마인드에 대한 철학이 녹아 있기 때문입니다. 그렇다면 과거의 DNA를 가지고 노드스트롬이 제시한 오프라인 리테일의 미래는 어떤 모습일까요?

　2017년 10월, 노드스트롬은 로스앤젤레스에 '노드스트롬 로컬'이라는 새로운 모델의 백화점을 선보였습니다. 이 매장은 스터프Stuff, 물건는 없고 스태프Staff, 직원만 있는 매장입니다. 그래서 공간 구성도 일반 백화점과 다릅니다. 온라인으로 주문한 물건을 피업하고 반품할 수 있는 공간을 일부 갖추고, 나머지는 고객 서비스를 할 수 있는 공간으로 꾸몄습니다. 좀 더 구체적으로는 옷 수선 서비스, 스타일리스트 상담 서비스, 네일케어 서비스, 선물포장 서비스, 음료 서비스 등을 제공하는 것이죠.

어찌 보면 노드스트롬 로컬은 오만가지 물건을 판다는 뜻을 가진 백화점의 정의를 스스로 부정하는 시도입니다. 그러나 고객 중심적인 접근이 있었기에 노드스트롬은 이러한 변화를 택합니다. 변화의 출발점은 간단합니다. 고객이 백화점에 찾아오게 만들지 말고, 백화점이 고객을 찾아가자는 거죠. 이를 위해선 백화점을 곳곳에 지어야 하는데 기존 모델로는 그럴 수가 없습니다. 그동안의 백화점은 다양한 물건을 보유해야 해서 크게 지어야 했고, 부동산 비용을 감당하려면 주요 상권에 플래그십처럼 위치해야 수익을 낼 수 있었으니까요.

이 구조를 탈피해야 고객이 있는 곳으로 찾아갈 수 있었습니다. 그래서 노드스트롬은 물건을 파는 기능을 과감하게 없애고, 고객 서비스에만 집중한 것입니다. 고객이 온라인으로 물건을 사는 데 익숙해졌기 때문에 가능한 일이죠. 물건을 팔지 않고 서비스만 제공하니, 백화점 규모를 대폭 줄일 수 있습니다. 면적으로만 놓고 보면 일반적인 백화점을 1개 지을 때 노드스트롬 로컬은 46개나 만들 수 있을 정도로요. 이처럼 백화점을 런칭하기가 더 가벼워진 덕분에 고객이 있는 곳으로 더 쉽게 다가설 수 있습니다. 고객이 백화점에서 쇼핑하는 기분을 즐기고 싶을 때 고객 가까이에 있을 수 있는 거죠. 첫 매장에서 고객 반응을 검증한 후, 노드스트롬 로컬은 로스앤젤레스에 4개, 뉴욕에 2개의 매장을 오픈하면서 매장 수를 확대해 나가는 중입니다.

희망의 편에 선 사례에서 볼 수 있듯, 오프라인 비즈니스도 몰락의 위기를 보고만 있는 건 아닙니다. 각자의 상황에서 저마다의 방식으로 진화하면서 미래를 만들어나가고 있는 거죠. 퇴사준비생 이모씨는 위기를 극복하려는 오프라인 비즈니스의 진화가 의미 있고 가능성도 있다고 생각했습니다. 물론 새로운 시도의 성공 여부는 시간이 지나봐야 알겠지만요. 동시에 그는 또 다른 궁금증이 생겼습니다.

스터디를 하다 보니 온라인 커머스로 성공한 브랜드들이 오프라인 매장을 내는 현상이 눈에 들어왔습니다. 원래부터 오프라인 비즈니스를 주요 사업으로 했던 곳들이야 사업 영역을 바꾸기가 어려우니 변화와 진화를 통해 살아남을 방법을 찾는다지만, 태생이 온라인 커머스인 브랜드들이 오프라인 비즈니스에 손대는 건 시대를 역행하는 듯 보였습니다. 하지만 온라인 커머스 브랜드들이 아무 생각 없이 오프라인으로 나오지는 않을 거란 직감이 들었죠. 그래서 현상의 뒷모습을 더 깊이 파보기 시작합니다.

'어째서 또는 어쩌자고, 온라인 커머스 브랜드들은 오프라인 매장을 여는 걸까요?'

05

온라인 브랜드는
왜 오프라인 매장을 낼까?

트래픽은 공짜가 아니다

매장에서 매체로 – 매장의 용도가 이동한다

중요한 것은 숫자에 보이지 않는다

◆

머리가 지끈거렸습니다. 태생이 온라인 커머스인 D2C^{Direct to Consumer} 브랜드들이 오프라인 매장을 내는 건 역설적인 현상이었으니까요. 안경의 유통 구조를 혁신한 '와비파커', 밀레니얼 세대가 열광하는 뷰티 브랜드 '글로시에', 투명한 원가 공개로 신뢰를 얻은 '에버레인' 등 나열하자면 줄을 세울 수 있을 정도로 많은 브랜드들이 오프라인으로 나오고 있었습니다. 이들이 오프라인 비즈니스의 위기를 모를 리 없었죠. 퇴사준비생 이모씨의 눈빛이 반짝거리기 시작했습니다. 이 역설적인 현상에서 오프라인 비즈니스의 미래를 찾는 또 다른 단서를 찾을 수 있을 거란 기대가 생겼기 때문입니다.

머리를 굴렸습니다. 비즈니스에 도움이 되니 D2C 온라인 커머스 브랜드들이 오프라인으로 나오는 걸 텐데, 어떤 이점이 있는지가 눈에 보이지 않았습니다. 온라인으로 물건을 사는 시대에 제품 판매를 늘리기 위한 목적으로 오프라인 매장을 여는 건 합리적 선택이 아닐 테니까요. 겉으로 드러나지 않는 이유를 찾으려 고민하던 중, 불현듯 얼마 전에 읽었던 인터뷰 내용이 떠올랐습니다. 오프라인 리테일 관계자들을 대상으로 한 인터뷰였는데, 그 인터뷰에서 그로서란트Grocerant, 그로서리와 레스토랑을 합친 말의 대표 주자인 '이탈리'의 창업자는 다소 도발적이라는 전제를 깐 후, 이렇게 말했습니다.

"오프라인보다 온라인에서 가격이 더 높아지는 반전을 보게 될 겁니다."

온라인 커머스에서의 제품 가격이 비정상적이라는 의견입니다. 그들이 수익을 무시해서 가능한 현상이라는 거죠. 그래서 그는 온라인 커머스 업체들이 산수를 제대로 하기 시작하면 오프라인 매장보다 가격이 더 비싸질 거란 예측을 내놓습니다. 그의 주장에도 일리가 있습니다. 오프라인 매장에서는 매장으로 이동하고 진열대에서 물건을 가져오는 과정에서 드는 시간과 비용을 고객이 부담하는 반면, 온라인 쇼핑에서는 그 과정을 업체가 대신하니까 그만큼 가격이 올라가야 정상이라는 거죠.

　　듣고 보니 그랬습니다. 온라인 커머스 업체 중에서 D2C 브랜드가 아니면 유의미한 이익을 내는 업체를 찾기 어려웠습니다. 아마존도 커머스만 놓고 보면 수익성이 높지 않고, 두각을 나타내는 국내의 온라인 커머스 업체들은 대부분 적자였습니다. 그렇다고 이탈리 창업자의 예측처럼 된다는 보장도 없습니다. 그가 언급한 비용은 물류에서 규모의 경제가 발생하고, 무인 시스템이 발전하면 낮출 수 있는 비용이기 때문이죠. 그의 말처럼 될지 혹은 아닐지는 지켜봐야겠지만, 퇴사준비생 이모씨는 그의 설명에서 D2C 온라인 커머스 브랜드들이 오프라인 매장을 여는 힌트를 얻습니다. 눈에 잘 보이지 않는 비용이 온라인 커머스에 숨어있다는 거죠.

트래픽은 공짜가 아니다

'온라인 커머스의 핵심은 무엇일까?'

퇴사준비생 이모씨는 온라인 커머스를 뜯어 보기 시작했습니다. 겉으로 드러나지 않는 비용을 찾기 위해선 작동 원리를 이해하는 게 필요하니까요. 가격이 싸고, 제품이 다양하고, 접근이 쉽다는 건 온라인 커머스의 장점이지 본질이 아니었습니다. 결과로 드러난 장점의 기저의 무엇이 있을지 고민한 끝에 그는 나름의 결론에 도달합니다.

온라인 커머스의 핵심은 물리적 공간이 아니라 가상의 공간에서 제품을 판다는 것입니다. 제품 진열 공간이 필요 없으니 임대료를 절약할 수 있고, 판매하는 품목 수를 무한정 늘릴 수 있습니다. 또한 공간의 제약이 없으니 타깃 고객의 지역적 범위도 확장할 수 있습니다. 매출의 상한선이 열려 있고, 임대료를 줄일 수 있어 경쟁력이 생깁니다. 이처럼 온라인 커머스는 본질적으로 오프라인 매장 대비 절대 우위를 가지고 있는 것처럼 보이나, 공간이 필요 없다는 게 꼭 긍정적으로만 작용하는 건 아닙니다.

가상의 공간은 접근성에서 양면성을 가지고 있습니다. 언제 어디서든 방문할 수 있을 만큼 접근이 쉽지만, 온라인 커머스 매장의 존재를 모르면 눈에 보이지 않기 때문에 사실상 방문하기 어렵습니다. 이 가상의 공간을 눈에 보이게 하고 트래픽을 유도하기 위해선 광고비를 써야 하죠. 오프라인 매장이 유동 인구에게 자연스럽게 노출되는 것과 대조적입니다. 그럼에도 불구하고 가상의 매장을 노출시키는 광고비가 오프라인 매장을 열기 위해 들어가는 비용보다 저렴해서 여전히 온라인 커머스는 경쟁력을 가졌습니다. 그러나 역설적이게도 저렴한 광고비로 접근성을 높일 수 있던 경쟁력이, 이러한 경쟁력 때문에 점점 무뎌지기 시작했습니다.

온라인 커머스가 경쟁력이 있으니, D2C 온라인 커머스 브랜드들이 우후죽순 늘어났습니다. 미국의 경우 2017년에서 2020년까지 3년간 연평균 37% 성장했을 정도입니다. 이렇게 늘어난 D2C 온라인 커머스 브랜드들은 스스로를 알리기 위해 광고를 해야 합니다. 문제는 아무리 온라인이라 해도 유의미한 광고 슬롯Slot을 무한정 늘릴 수는 없다는 거죠. 검색 키워드와 연계된 자리도 한정적이고, SNS 타임라인에 노출시킬 수 있는 광고의 양도 적정 수준으로 관리되고 있습니다. 그래서 광고를 하려는 수요는 느는데, 광고 슬롯이 그 속도를 따라가기 어려워 광고 단가가 점점 올라가는 현상이 벌어지고 있죠.

그뿐 아닙니다. 경쟁이 치열해지니 접근하기 쉽다는 온라인 커머스의 장점이 단점이 되기도 합니다. 잠재 고객이 언제 어디서든 다른 매장을 방문할 수 있어 구매로 전환시키기가 어려워지기 때문이죠. 이처럼 구매 전환율이 낮아지면 동일한 매출을 올리기 위해서 더 많은 트래픽을 유도해야 합니다. 자연스럽게 광고를 더 많이 해야 하고, 그만큼 광고비 지출이 커집니다. 가상의 공간을 확보하는 건 공짜에 가깝지만 트래픽은 공짜가 아닌 거죠. 광고비가 지속적으로 높아지는 상황에서 D2C 온라인 커머스 브랜드들이 문제를 해결하기 위해 주목한 것이 역설적이게도 오프라인 매장입니다.

　　퇴사준비생 이모씨는 4화에서 매장의 진화가 3가지 방향으로 진행되고 있다고 봤습니다. ① 매장에서 매'장'으로 공간의 구성이 달라지고, ② 매장에서 매(장)으로 현장의 경험이 사라지며, ③ 매장에서 (매)장으로 판매의 기능이 없어진다는 거죠. 그런데 D2C 온라인 커머스 브랜드가 오프라인 매장으로 진출하는 현상에서 오프라인 비즈니스의 또 다른 진화의 방향성을 감지합니다. ④ 매장에서 '매체'로 매장의 용도가 이동하는 거죠.

매장에서 매체로 – 매장의 용도가 이동한다

D2C 온라인 커머스 브랜드들이 오프라인 매장을 온라인 광고를 대체하는 매체로 바라보기 시작했습니다. 트래픽을

일으키기 위한 광고비가 계속해서 올라가니, 온라인에 광고를 집행할 비용으로 차라리 오프라인 매장을 내자는 거죠. 유동 인구에게 자연스럽게 브랜드가 노출될 거란 기대가 담긴 판단입니다. 하지만 퇴사준비생 이모씨는 의문이 들었죠. D2C 온라인 커머스 업체 간 경쟁이 심해져 광고비가 올라가는 현상은 이해가 되었지만, 그 문제를 해결하려 오프라인 매장을 내는 게 합리적인지가 궁금해진 겁니다.

'광고비보다 임대료가 저렴한 걸까?'

고개가 갸우뚱거렸습니다. 하지만 성공 가도를 달리고 있는 D2C 온라인 커머스 브랜드들이 비즈니스적으로 셈도 안 해 보고 오프라인 매장으로 나올 것 같지는 않았습니다. 그래서 대략적으로라도 직접 계산해보기로 합니다. 광고 매체의 역할을 하는 오프라인 매장을 열 때의 비용에 대해서요. 이 계산을 해보기 위해 30평 규모의 오프라인 매장을 낸다고 가정해 보겠습니다.

오프라인 매장을 낼 때의 비용은 크게 인테리어 등의 초기 투자 비용과 매장 운영 비용으로 나눠볼 수 있습니다. 매장 인테리어 비용으로 평당 300만원 쓴다고 하면 9000

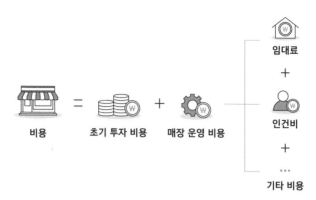

만원이 매장을 꾸미는 데 들어갑니다. 이 매장을 5년간 운영하고 매장을 정리할 때의 잔존가치를 1000만원 정도로 보면 평균적으로 매년 1600만원이 인테리어 비용으로 나간다고 볼 수 있죠. 월로 환산하면 133만원 정도입니다.

　이제 운영비를 계산해 볼게요. 운영비는 크게 임대료와 인건비, 그리고 기타 비용으로 구분해볼 수 있습니다. 평당 임대료를 20만원이라고 하고, 월급 300만원 수준으로 3명의 직원을 고용한나고 하면 매달 임대료 600만원, 인건비 900만원이 듭니다. 여기에다가 기타 비용이 100만원이라고 가정하면 총 1600만원 정도의 운영비가 발생하죠. 앞에서 계산했던 월 환산 초기 투자 비용과 매달 나가는 매장 운영 비용을 합해보면 약 1733만원 정도를 매달 지출해야 합니다.

이 비용을 광고비로 본다면 얼마나 많은 사람들에게 노출되는지에 따라 광고비의 효율이 달라집니다. 일평균 유동 인구가 3만명 정도 되는 곳에 오프라인 매장을 낸다고 가정했을 때, 한 달 동안 90만명의 사람들에게 브랜드를 노출시킬 수 있습니다. 참고로 신사동 가로수길의 유동 인구가 일평균 4만 2000명 수준입니다. 약 1733만원을 들여서 90만명의 사람들에게 알리는 것이니 1인당 19원 정도의 광고 비용이 드는 거죠. 게다가 이 숫자에 매장에서 발생하는 매출을 포함하지 않은 점을 감안하면 광고비 효율은 더 높아집니다. 이 정도 수준이면 온라인에서 광고하는 것과 비용적인 측면에서 큰 차이가 나지 않습니다.

가상으로 산술적인 계산을 해봐도 효과가 있어 보이는데, 실제는 어떨지가 궁금해졌습니다. 그래서 퇴사준비생 이모씨는 추가로 리서치를 해봅니다. 미국의 한 리서치 회사의 조사에 따르면 태생이 온라인 커머스인 브랜드가 오프라인 매장을 오픈할 경우, 설립한 지 10년 이하의 브랜드는 온라인 트래픽이 약 45% 증가했고, 10년이 넘은 브랜드는 온라인 트래픽이 36% 정도 높아졌습니다. 반대로 매장을 닫으면 온라인 트래픽도 덩달아 줄어들었습니다. 예를 들어 매장의 수를 절반 정도로 줄인 브랜드의 경우, 해당 지역에서 온라인 트래픽이 50% 이상 감소한 거죠. 오프라인 매장이 광고 매체의 역할을 톡톡히 한다고 해석할 수 있는 조사 결과입니다.

계산해보고 조사해보니 이해가 갔습니다. 하지만 퇴사준비생 이모씨에겐 여전히 아리송한 점이 남아 있었습니다. 온라인에서 쓸 광고비로 오프라인 매장을 여는 것이 비용 측면에서는 비슷할지 몰라도, 운영 측면에서는 차이가 커 보였습니다. 온라인에서는 광고를 집행하면 알고리즘이 일을 하는 반면, 오프라인 매장에서는 매장 관리, 고객 응대 등 여러모로 손이 더 갈 수밖에 없으니까요. 합리적으로 의사결정을 한다면, 비용이 비슷한 정도가 아니라 훨씬 더 저렴해야 하는 거죠. 숫자에 드러나지 않는 효과가 있는 게 분명했습니다.

중요한 것은 숫자에 보이지 않는다

'숫자에 포함되지 않는 효과는 뭘까?'

이 질문을 머릿속에 띄운 채 자료를 뒤적였습니다. 그러자 그냥 읽었다면 스쳐 지나갔을 인터뷰가 눈에 걸렸습니다. 셔츠 길이를 짧게 만들어 인기를 끈 '언턱잇' 창업자의 짤막한 코멘트였습니다. 그는 오프라인 매장을 연 효과에 대해서 이렇게 말했죠.

"밤새 사라지는 온라인 커머스 업체 중 하나일까 봐 고객들이 100달러^{약 11만원}짜리 셔츠 구매를 망설였는데, 오프라인 매장 오픈 이후 우리를 진지하게 받아줬습니다."

오프라인 매장 덕분에 브랜드의 신뢰도가 높아졌다는 설명입니다. 온라인과 비교했을 때 광고의 노출도나 비용이 엇비슷하더라도, 오프라인 매장을 열 이유가 있다는 뜻이죠. 퇴사준비생 이모씨는 언턱잇 창업자의 말에 공감했습니다. 그도 그랬던 경험이 있었으니까요. 뉴욕을 여행할 때 여러 D2C 온라인 커머스 브랜드들의 매장을 방문하면서, 그 브랜드에 대한 이해도와 신뢰도가 높아지는 걸 체감했습니다. 단순히 오프라인 매장이 있어서 그런 효과가 생기는 게 아닙니다. 오프라인 매장에서 온라인 커머스로는 할 수 없는 것들을 할 수 있기에 가능한 일입니다.

2D인 온라인 사이트와 달리, 3D인 오프라인 매장에서는 매장 인테리어, 제품 디스플레이 등을 통해 브랜드의 철학, 컨셉, 세계관 등을 더 직관적이고 입체적으로 보여줄 수 있습니다. 게다가 직원이 고객과 소통을 하면서 제품이나 서비스에 대한 이해도를 높여줄 수 있죠. 그래서 오프라인 매장은 단순히 판매 채널이 아니라 브랜드를 담는 그릇이 될 수 있으며, 매장의 직원은 판매원이 아니라 브랜드 전도사 역할을 할 수 있습니다. 퇴사준비생 이모씨가 뉴욕에서 방문했던 '올버즈'와 '글로시에' 매장처럼요.

　　올버즈는 실리콘밸리 혁신가들이 신는 신발로 유명해진 브랜드입니다. 이 신발 브랜드는 제품보다 소재를 혁신하는 데 초점을 맞춥니다. 첫 제품도 주로 아웃도어 의류 소재로 활용되던 '메리노 울Merino wool'로 만들어 실리콘밸리 사람들의 마음을 사로잡으며 혁신성을 인정받았죠. 이후에는 나무에서 뽑아낸 섬유로 운동화를 개발하면서 라인업을 늘려갑니다. 그뿐 아니라 운동화 끈은 재활용 플라스틱에서 섬유를 추출해 제작합니다.

　　방향성에서 볼 수 있듯, 제품의 라인업을 화려하게 늘리기보다 소재에 집중하기에 자칫하면 단조롭거나 정체되어 보일 수 있습니다. 하지만 오프라인 매장에서는 그럴 염

올버즈 매장   ©트래블코드

려를 하지 않아도 괜찮습니다. 올버즈 매장에서는 소재를 중심으로 신발을 디스플레이하고 울, 나무, 사탕수수 등 소재의 원재료를 함께 진열하고 있어, 지속가능함을 추구하는 브랜드의 철학과 지향점을 한눈에 알아볼 수 있기 때문이죠. 이렇게 디스플레이를 하니 신발 속에 숨어 있던 소재에 존재감이 생깁니다.

글로시에도 마찬가지입니다. 글로시에는 2014년에 런칭한 비교적 신생 브랜드이지만, 밀레니얼의 '에스티 로더'로 불릴 만큼 인기가 있습니다. 인기의 출발점은 아름다움에 대한 브랜드 철학입니다. '피부가 먼저, 메이크업은 그 다음, 항상 웃는 건 물론이고요. Skin first, Makeup second, Smile always'이라는 슬로건에서 알 수 있듯, 글로시에는 꾸며진 아름다움을 공식처럼 따라하는 게 아니라 본연의 아름다움을 자유분방하게 추구할 수 있도록 돕습니다.

글로시에의 아름다움에 대한 이런 생각이 매장에도 녹아 있습니다. 매장을 진열대로 가득 채우는 대신, 제품별로 최소한의 샘플만 감각적으로 진열해 고객이 매장을 쾌적하게 누빌 수 있게 설계했고, 거울, 조명, 세면대 등을 설치해 샘플을 자유롭게 발라보고 지울 수 있는 환경을 조성했습니다. 여기에다가 다양한 피부색을 가진 종업원들이 글로시에의 브랜드 컬러인 핑크색 점프수트를 입고 브랜드와 제품에 대한 소통을 합니다. 이처럼 테스트 매장이라기보다 놀이터에 가까운 매장에서 글로시에에 대한 고객 경험이 생생해집니다.

퇴사준비생 이모씨는 두 매장을 다녀오고 나서 두 브랜드에 대한 이해도, 신뢰도, 심지어 호감도마저도 높아졌던 기억이 되살아나면서, 이제서야 고개가 끄덕여졌습니다. 광고비 효율로는 설명할 수 없었던 무형적인 효과가 오프라인 매장에 있었던 거죠. 그래서 그는 D2C 온라인 커머스 브

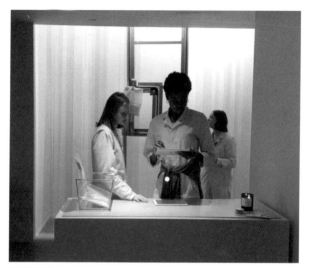
글로시에 매장

©트래블코드

랜드들의 오프라인 매장 진출이 한때의 유행이나 붐이 아니라 앞으로도 지속될 추세일 거란 판단이 들었습니다. 오프라인 매장은 제품 판매를 늘리기 위한 채널이 아니라 브랜드를 제대로 알릴 수 있는 또 하나의 매체니까요.

"전구가 발명됐지만 양초는 사라지지 않았습니다. 양초는 예술의 영역으로 이동해 낭만적인 물건으로 용도가 달라졌지요."

『문구의 모험』의 저자 제임스 워드가 말한 것처럼, 퇴사준비생 이모씨는 D2C 온라인 커머스 브랜드들이 오프라인 매장으로 진출하는 역설적인 현상을 보면서 오프라인 매장의 용도도 바뀌고 있다는 생각을 했습니다. 그러면서도 한편으로는 D2C 온라인 커머스 브랜드에 한정된 이야기가 아닌가라는 의문도 생겼습니다. 그래서 그는 오프라인 매장이 매체화되는 조짐과 징후를 더 알아보기로 합니다.

'오프라인 비즈니스도 매체의 역할을 하는 미디어가 될 수 있을까요?'

06

오프라인도
미디어다

안경 렌즈를 닦아낸 기분이었습니다. D2C 온라인 커머스 브랜드 덕분에 오프라인 매장의 가능성이 보다 선명하게 보였으니까요. 온라인으로 판매가 가능해진 시대에 오프라인 매장이 물건을 파는 역할을 홀로 짊어지거나 고집할 필요가 없어진 겁니다. 5화에서 언급했던 양초처럼요. 양초는 여전히 빛을 밝히는 도구지만, 전구가 등장한 후 불을 밝히는 기능적 용도로 쓰이기보다 아날로그의 감수성을 자극하는 예술적 용도로 쓰이잖아요. D2C 온라인 커머스 브랜드 사례에서 알 수 있듯, 오프라인 매장은 매체의 역할을 하면서 미디어로 진화하고 있었습니다.

'오프라인도 미디어다.'

퇴사준비생 이모씨의 머릿속에 이 생각이 맴돌았습니다. 마치 어느 노래에 꽂히면, 노래를 듣지 않더라도 귀에 멜로디가 들리는 것처럼요. 머릿속을 간지럽히는 이 말을 밖으로 꺼내기 위해서 노트를 펴고 적기 시작했습니다. 이 말이 머릿속을 떠나지 않는 이유를 알아야, 오프라인이 미디어가 되는 변화를 객관적으로 볼 수 있을 것 같았거든요. 관련해서 떠오르는 이런저런 생각들을 써놓고 보니 이 변화의 양상은 4화에서 설명한 오프라인 비즈니스의 진화와 근본적인 차이가 있었습니다.

4화에서 설명한 오프라인 비즈니스의 진화는 여전히 '공간'에 초점이 맞춰져 있습니다. 온라인과의 유기적인 연계로 공간의 구성과 효율을 바꾼 거죠. 반면 오프라인 매장이 미디어화되는 현상은 오프라인 매장의 중심축을 바꿨습니다. 공간에서 '시간'으로요. 정보를 얻건, 재미를 느끼건 미디어의 속성은 사람들의 눈길을 모아 미디어에서 시간을 보내게 하는 것이니까요. 오프라인 매장의 무게중심이 이동하니 수익 모델, 핵심 역량, 운영 방식 등 여러 요소가 달라집니다.

확장되는 수익 모델 - 스토어에서 스폰서로

'미디어라면 광고비를 받을 수 있는 거 아닐까?'

퇴사준비생 이모씨는 오프라인 매장의 본질적 속성이 바뀐다면 수익 모델도 달라질 거란 생각이 들었습니다. 미디어가 구독료나 광고료를 받아 수익을 올리니까 오프라인 매장도 그럴 수 있다는 거죠. D2C 온라인 커머스 브랜드의 오프라인 매장이야 자기 브랜드를 광고하려는 목적으로 운영해 다른 브랜드의 광고를 노출하는 데 관심이 없겠지만, 백화점이나 마트 같은 곳에서는 광고 모델을 도입해볼 수 있습니다. 그러고 보니 파리에 있는 '갤러리 라파예트' 백화점에 갔을 때 목격한 흥미로운 시도가 떠올랐습니다.

갤러리 라파예트 백화점은 2019년에 파리의 샹젤리제 거리에 새로운 매장을 오픈했습니다. 파리에서도 가장 유명한 거리에 문을 연 이 백화점은 간판부터가 심상치 않았습니다. 백화점 이름을 파격적인 폰트로 디자인해 입구에 걸어 놓았죠. 폰트를 통해 백화점의 개성과 이미지를 표현한 정도인 줄 알았는데, 백화점에 들어서니 폰트가 이 백화점 전체를 관통하는 비주얼 아이덴티티였습니다. 백화점 내

갤러리 라파예트 샹젤리제

안내판에 이 폰트를 활용한 건 기본이고, 입점해 있는 브랜드들도 각 브랜드 고유의 폰트와 로고를 사용해서 간판을 거는 것이 아니라 갤러리 라파예트 백화점 폰트로 그들의 브랜드 이름을 걸어 놓았습니다. 낯선 풍경이었죠.

명품 브랜드라고 해서 예외가 아니었습니다. 콧대가 높다고 소문난 브랜드들도 이 백화점에 입점하려면 로고나 폰트로 표현한 그들의 정체성을 내려놓아야 했습니다. 전 세계에서 관광객이 몰리는 샹젤리제 거리에 위치한 갤러리

갤러리 라파예트 샹젤리제

라파예트 백화점의 위상을 짐작할 수 있는 대목이었습니다. 또한 갤러리 라파예트 백화점이 브랜딩과 차별화에 대해 고민한 흔적을 느낄 수 있었죠. 이처럼 입점 브랜드의 간판을 통일하니 개별 브랜드가 도드라지지 않는 것은 물론이고, 백화점이 하나의 거대한 편집숍처럼 보였습니다. 그래서 브랜드와 제품을 선별하고 제안하는 기능이 더욱 중요해지고, 이에 따라 백화점의 정체성이 살아납니다.

그럼에도 불구하고 예외가 있었습니다. 스폰서로 입점해 있는 브랜드였습니다. 이 브랜드만큼은 브랜드 이름을 걸 때 고유의 폰트를 사용할 수 있었죠. 퇴사준비생 이모씨가 방문했을 때는 '로저 비비에'가 들어와 있었는데, 브랜드를 노출시키는 방식도 파격적이었습니다. 메인 입구에 들어가자마자 팝업 매장으로 이목을 집중시킬 뿐만 아니라 상층부를 둘러싸고 있는 스카이박스 형태의 공간을 모조리 로저 비비에에 내주었죠. 어디를 둘러봐도 로저 비비에가 보였습니다.

스카이박스 바깥에 로고만 걸어준 게 아니라 스카이박스 공간 모두를 로저 비비에에게 내주었습니다. 그들이 브랜드 정체성을 바탕으로 제품을 쇼룸처럼 진열할 수 있도록 말이죠. 브랜드를 알리려는 목적이 분명했습니다. 판매

갤러리 라파예트 상젤리제 내 로저 비비에

©트래블쿠드

를 위해서라면 이렇게 많은 스카이박스 모두를 사용할 필요는 없을 테니까요. 갤러리 라파예트 백화점의 폰트로 구성된 공간에 로저 비비에만 그들의 브랜드 이름을 온전히 사용하니 브랜드가 더욱 도드라져 보였습니다. 스폰서로서의 광고 효과가 뚜렷한 셈이죠.

물론 이러한 수익 모델이 기존에 없던 모델은 아닙니다. 야구장에서 스타디움의 명명권을 스폰서에게 팔거나, 스타디움 내 전광판 혹은 펜스에 스폰서의 광고를 거는 것과 마찬가지의 모델입니다. 오프라인 공간에 모인 사람들의 눈길을 수익화하는 거죠. 그렇지만 갤러리 라파예트 백화점이 차별화되는 부분은 이미 물건을 파는 수익 모델을 가진 매장에서 이러한 시도를 했다는 점입니다.

백화점뿐만 아닙니다. 마트 등의 유통 업체도 스폰서를 유치하는 광고 모델을 진지하게 수익 모델로 바라보기 시작했습니다. 그동안 매장에서 P&G, 유니레버 등의 광고를 해온 월마트가, 광고 에이전시에게 외주를 주던 이 영역을 2019년부터 내재화해서 하나의 수익 모델로 만든 걸 보면요. 스폰서를 유치하는 광고 모델이 수익 모델로 자리 잡는 건 오프라인 비즈니스가 미디어화되는 현상을 방증하는 것이기도 합니다.

달라지는 핵심 역량 – 스토어에서 스토리로

'광고 수익 모델은 대형 유통 업체만 가능한 일 아닐까?'

퇴사준비생 이모씨는 의구심이 들었습니다. 매장 내에서 광고를 하려면 트래픽이 많아야 하니까요. 파리의 갤러리 라파예트 백화점은 전 세계의 관광객들이 몰리는 샹젤리제 거리에 위치해 있고, 월마트도 미국 전역에서 연간 3억명 이상의 고객이 매장을 방문합니다. 스폰서가 광고비를 집행할 유인이 분명하죠. 그렇다면 백화점이나 마트처럼 트래픽이 많은 곳이 아닐 경우 광고를 오프라인 비즈니스의 수익 모델로 활용할 수는 없을까요? 꼭 그렇지만은 않습니다. 트래픽이 없다면 트래픽을 창출하면 되니까요. 뉴욕의 편집매장 '스토리'처럼요.

그의 머릿속에 떠오른 스토리를 처음 만난 건 뉴욕을 여행할 때였습니다. 스토리의 브랜드 스토리에 매료되었던 곳이죠. 스토리는 잡지 같은 매장입니다. 공간을 매거진화한 거죠. 잡지가 그 호의 주제를 중심으로 다양한 소재를 글로 엮어내듯, 스토리는 하나의 테마를 정해 제각각인 제품들을 스토리 안에 입체적으로 녹여냅니다. 그래서 매장 입

스토리 매장의 테마 ©Story

구엔 편집장의 말처럼 테마에 대한 설명이 적혀 있습니다. '컬러', '메이드 인 아메리카', '연휴의 집', '뉴욕 이야기' 등 하나의 테마 하에 제품을 진열하니 제품을 바라보는 관점과 맥락이 살아나죠.

잡지 같은 매장을 지향하는 스토리는 두 달마다 50평 남짓한 매장을 갈아엎습니다. 테마에 맞춰 인테리어, 제품, 소품 등을 싹 바꿔 주기적으로 완전히 다른 매장으로 탈바꿈하는 거죠. 예를 들어 '컬러'를 테마로 정했을 때는 유리창 전면에 색색깔의 셀로판지를 입히고, 색을 기준으로 공간을 구분해 바닥이나 쇼케이스에 해당 색을 부여하며, 각색에 맞춰 색감이 돋보이는 제품을 엄선해 진열합니다. 기존

'컬러'를 테마로 한 매장

©Story

의 카테고리를 무너뜨리고, 색으로 제품을 구분하니 제품 구성도 다채로워집니다. 여기에다가 주황색 헤어드라이어, 노란색 무선 스피커, 초록색 립스틱 등 평소에 보기 어려운 색의 제품을 발견하는 재미도 생기죠. 하지만 의문이 생깁니다. 이렇게 자주 매장을 새롭게 하면 인테리어 비용 등을 감당할 수 있을까요?

스토리는 이 문제를 광고 수익 모델로 해결했습니다. 잡지에 광고주가 있는 것처럼, 스토리에도 메인 스폰서가 있습니다. 인텔, 타깃, GE, 리바이스, 펩시, 아메리칸 익스프레

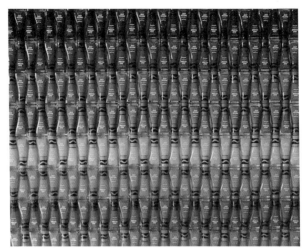

'컬러'를 테마로 한 매장 　　　　　　　　　　　　　　　©Story

스, 맥 등 스폰서의 클래스가 쟁쟁할 뿐만 아니라 협찬 금액도 짱짱합니다. 적게는 7만 5000달러^{약 8250만원}에서 많게는 75만 달러^{약 8억 2500만원}에 이릅니다. 이 정도면 두 달에 한 번 매장을 갈아엎을 수 있을 만한 수준이죠. 협찬을 한다고 해서 스폰서의 제품을 중심으로 매장을 꾸미는 건 아닙니다. 경우에 따라서는 스폰서의 제품을 아예 포함하지 않기도 합니다. 이쯤 되면 스폰서들이 거금을 주고 스폰서를 자처하는 이유가 궁금해집니다.

　　스폰서는 스토리에서 제품을 판매할 목적으로 광고

비를 내는 게 아닙니다. 매장이 아니라 미디어인 스토리가 끌어모으는 고객의 발길과 눈길을 사는 것입니다. 판매와 직결되지 않더라도 브랜딩을 하고 제품을 노출하기 위해 기업들이 잡지 등의 미디어 광고 스팟에 광고비를 집행하는 것과 마찬가지입니다. 스토리는 오프라인 매장도 미디어의 역할을 할 수 있다는 걸 증명했을 뿐이죠. 오히려 오프라인 매장이기 때문에 잡지 등의 미디어에서는 할 수 없는 방식으로 테마나 메시지를 전달할 수 있어 차별적 경쟁력이 있습니다.

예를 들면 보험사 '시그나'가 협찬한 'Feel good' 테마가 대표적입니다. 보험의 궁극적인 목적이 사후 보상이 아니라 사전 예방인 만큼, 명상, 영양, 운동 등 일상을 건강하게 하는 제품들로 매장을 꾸몄습니다. 특히 VR 명상을 할 수 있는 의자를 체험하게 하거나, 그룹으로 트램펄린 운동 세션을 열기도 하는 등 오프라인 매장의 특성을 살렸습니다. 또한 GE가 스폰서로 참여한 'Making things' 테마에서는 공간의 25%만 제품 판매 공간으로 할애했습니다. 나머지는 GE의 레이저 커터, 3D 프린터 등으로 무언가를 만드는 경험할 수 있게 공간을 구성한 거죠. 단위 면적당 '매출'이 아닌 단위 면적당 '경험'을 핵심 지표로 삼는 스토리답습니다.

이처럼 오프라인 비즈니스의 새로운 스토리를 써 내려가던 스토리는 2018년에 '메이시스' 백화점에 인수됩니다. 인수된 후, 스토리는 하나의 매장이 아니라 미국 전역의 메이시스 백화점 중 30개가 넘는 매장에서 동시다발적으로 스토리를 펼쳐냅니다. 미디어로서의 발신력이 더 강해진 셈입니다.

퇴사준비생 이모씨는 잡지처럼 감각적인 스토리의 매장을 경험하면서 본질적인 깨달음을 얻습니다. 오프라인이 미디어가 되기 위해선, 결국 오프라인 자체가 콘텐츠가 되어야 한다는 거죠. 물론 유동 인구가 많은 곳이야 콘텐츠 없이 단순 노출 효과만으로도 미디어의 역할을 할 수 있습니다. 그러나 그렇지 않은 곳에서는 트래픽을 끌어와야 하기 때문에 사람들이 관심을 가지고 발걸음을 할 만한 콘텐츠를 제공할 수 있어야 합니다. 오프라인 매장은 미디어의 한 채널일 뿐, 그 안에서 보여줄 콘텐츠가 있어야 사람들이 그 채널을 찾는다는 뜻입니다. 그래서 오프라인 미디어로 진화하면 콘텐츠화 할 수 있는 스토리가 핵심 역량으로 자리 잡게 되는 겁니다.

중요해진 운영 방식 – 스토어에서 스킨십으로

'오프라인 매장을 콘텐츠로 채우는 다른 방법은 없을까?'

퇴사준비생 이모씨는 콘텐츠가 중심이 되는 오프라인 매장에 빠져들었습니다. 콘텐츠를 가지고 스스로 트래픽을 창출할 수 있는 공간이 오프라인 비즈니스의 궁극의 모델이 될 거란 직감이 들어서죠. 스토리처럼 매장을 잡지화해 주기적으로 새로운 콘텐츠를 기획하는 것도 하나의 방법이지만, 그는 또 다른 방법이 있을 거란 생각이 들었습니다. 오프라인 매장의 특성을 살려, 여타 미디어에서는 할 수 없는 방식으로 운영하는 공간을 누군가가 만들었을 거란 뜻이죠. 그리고 그런 매장을 뉴욕에 있는 스토리와 가까운 곳에서 발견합니다. 바로 '쇼필즈'입니다.

쇼필즈는 설치 미술과 D2C 온라인 커머스 브랜드로 구성한 일종의 작은 규모의 백화점입니다. 그러나 쇼필즈를 이렇게 형태적으로만 설명한다면 이곳의 진가를 놓치게 됩니다. 그렇다면 쇼필즈는 다른 매장들과 무엇이 다른 걸까요? 쇼필즈는 이름에서 유추할 수 있듯, 쇼Show가 펼쳐지는 브랜드의 장Fields입니다. 물건을 파는 매장이지만, 스스로

쇼필즈 매장 ©Showfields

를 공연장으로 정의하면서 '세상에서 가장 흥미로운 매장 The most interesting store in the world'을 추구하죠. 당연히 설치 미술과 D2C 온라인 커머스 브랜드로 공간을 구성한 것만으로 세상에서 가장 흥미롭다는 타이틀을 내밀기는 스스로도 머쓱할 겁니다. 쇼필즈를 세상에서 가장 흥미로운 매장으로 만드는 건 운영 방식입니다.

우선 이 매장을 온전히 경험하려면 사전에 티켓을 예약해야 합니다. 공연처럼요. 차이가 있다면 무료입니다. 오픈 시간부터 30분 단위로 일정 규모의 고객을 입장시킵니

쇼필즈 매장 2층으로 내려가는 입구

©Showfields

다. 분명히 물건을 파는 매장인데 아무 때나 들어갈 수도, 지나가다 들를 수도 없습니다. 마치 공연장에 입장하는 것과 유사한 방식입니다. 차례가 되어 매장에 들어가면 금으로 화려하게 장식한 엘리베이터를 타고 3층으로 올라갑니다. 3층은 패션과 디자인 중심의 브랜드로 채워져 있습니다. 백화점처럼 다양한 브랜드가 입점해 있지만, 각 브랜드가 저마다의 개성을 표현하면서 쇼룸처럼 꾸며 놓았죠. 여기까지야 특별할 게 없습니다. 하지만 3층의 끝에 위치한 '이달의 책' 코너에 들어서면 상황이 달라집니다.

이달의 책 코너에서 대기를 하고 있으면 책장으로 된 비밀의 문이 열립니다. 3층은 티켓 없이도 들어갈 수 있지만, 이곳부터는 티켓이 있어야만 방문할 수 있죠. 이 문으로 들어가면 2층으로 내려갈 수 있습니다. 계단도 아니고, 에스컬레이터도 아니고, 엘리베이터도 아니고, 미끄럼틀을 타고요. 단순히 인스타그래머블한 요소를 위해 설치한 것이 아닙니다. 미끄럼틀을 타고 2층으로 이동하는 덕분에 호기심이 가득했던 동심으로 돌아가게 되고, 심리적으로 무장 해제가 됩니다. 그리고 이렇게 도착한 2층에서 쇼필즈의 진면목이 펼쳐집니다.

'하우스 오브 쇼필즈'로 불리는 2층에서는 공연이 펼쳐집니다. 그렇다고 공연장처럼 무대에서 배우가 공연을 하고 관객이 관람하는 건 아닙니다. 2층에 입점해 있는 브랜드 쇼룸을 넘나들며 배우들이 공연을 하고, 고객들은 그 쇼룸들을 들락날락하면서 배우들의 공연을 즐기는 거죠. 정해진 각본에 따라 진행되는 공연도 아닙니다. 고객들과 호흡하면서 인터랙티브하게 이뤄집니다. 다만 공연의 중심 소재는 있습니다. 전시되어 있는 브랜드들이죠. 배우들은 각 브랜드에 대한 설명을 상황적 요소를 가미해서 흥미롭게 설명해줍니다. 시연을 해 보이기도 하고, 고객을 시연에 끌어

하우스 오브 쇼필즈   ©Showfields

들이기도 합니다. 직원의 역할을 배우가 하는 셈입니다. 공
연의 흐름이 끊기지 않도록 쇼룸에서는 공연만 하고 판매
를 하지 않습니다. 마음에 드는 물건이 있다면 쇼룸으로 이
뤄진 공연장을 다 거친 후 마지막 코너인 '더 랩'에서 살 수
있죠.

　　이처럼 쇼필즈가 오프라인 매장을 콘텐츠화하면서
주목한 건 '사진'이 아니라 '사람'입니다. 설치 미술 등이 강
렬하기 때문에 인스타그래머블한 사진을 찍는 사람도 많
지만, 쇼필즈는 고객들이 사진을 찍는 데 시간을 보내기보

다 공연에 공감하고 배우들과 교감하면서 깊이 있는 경험을 하기 바랍니다. 참고로 쇼필즈 내부적으로는 인스타그래머블이라는 단어가 금지어일 만큼 사진을 우선순위에 두지 않습니다. 쇼필즈의 이러한 시도는 현장성과 정서적 스킨십 등 오프라인 공간에서만 가능한 일을 배우라는 '사람'을 통해 극대화한 거죠. 온라인에서도 읽을 수 있는 설명이지만, 배우가 공연하듯 전달하니 완전히 새로운 콘텐츠로 업그레이드됩니다.

브랜드 혹은 제품의 뻔한 설명을 콘텐츠로 승화시킨 건 이해가 갑니다. 그렇다면 전달력에서 차이가 있을까요? 쇼필즈 1층은 여느 매장에서 볼 수 있는 쇼룸처럼 구성되어 있는데, 이곳에서 전시했을 때와 2층에서 전시했을 때의 고객 반응 차이를 비교해보면 효과를 확인할 수 있죠. 예를 들어 박피 크림 브랜드인 '누리아' 브랜드의 결과를 보면 차이가 확연합니다. 1층에서는 약 50%의 고객만이 테스트해본 반면, 2층에서는 100%의 고객이 누리아를 체험해봤습니다. 체험에 참여하는 비율뿐만 아니라 매출도 두 배 높았으니 효과가 있다고 볼 수 있습니다.

이렇게 D2C 온라인 커머스 브랜드 매출에 도움을 주는 쇼필즈는 돈을 어떻게 벌까요? D2C 온라인 커머스 브랜드로부터 수수료를 받습니다. 당연한 거겠죠. 하지만 여기에 당연하지 않은 점도 있습니다. 비용의 명목입니다. 보통의 매장이 임대료Rent fee 명목으로 비용을 청구하는 반면, 쇼필즈는 구독료Subscription fee 명목으로 비용을 청구합니다. 이 대목에서 쇼필즈의 지향점을 또 한 번 확인할 수 있습니다. 오프라인 매장을 콘텐츠를 담아내는 미디어로 보는 거죠.

앞서 '확장되는 수익 모델 - 스토어에서 스폰서로'에서 설명한 것처럼 미디어의 주요 수익 모델은 구독료나 광고료인데, 쇼필즈는 구독료를 택한 셈입니다. 최종 소비자가 아니라 기업 고객을 대상으로 하고, 콘텐츠를 보는 게 아니라 콘텐츠를 제공하는 데 구독료를 책정한 거긴 하지만요. 쇼룸의 위치에 따라 구독료가 책정되는데, 모든 고객이 방문 가능한 1층과 3층의 경우는 매월 6천 달러약 660만원에서 1만 2000달러약 1320만원 정도이고 티켓 예약을 한 고객만 입장할 수 있는 2층은 매월 4천 달러약 440만원 수준입니다. 그리고 판매에 따른 매출은 전부 D2C 온라인 커머스 브랜드가 챙겨갑니다. 이러한 컨셉과 수익 모델을 바탕으로 쇼필즈는 2020년 5월, 마이애미에 2호점을 오픈합니다. 코로나로 인한 오프라인 비즈니스의 위기 속에서도 말이죠.

퇴사준비생 이모씨는 파리와 뉴욕에서 마주한 조짐과 징후를 곱씹으면서, 오프라인 비즈니스가 미디어로 진화할 수 있는 가능성을 엿봅니다. 그리고 오프라인 매장이 미디어화되면 공간 자체보다 그곳에서 보내는 시간을 어떻게 설계하는지가 더 중요해진다는 걸 체감하게 되죠. 한편으로는 이런 생각도 들었습니다. 오프라인 공간이 매장의 기능을 할 때야 온라인 커머스 업체와 경쟁하지만, 미디어의 역할을 하게 되면 미디어나 콘텐츠 업체와도 경쟁해야 한다는 거죠. 경쟁의 판이 바뀌는 셈입니다. 오프라인 비즈니스가 미디어화되는 현상이 오프라인 비즈니스의 미래로 보였는데, 어쩌면 더 험난해지는 길일지도 모른다는 걱정이 생겼습니다. 퇴사준비생 이모씨의 머리가 다시 복잡해졌죠.

　　'오프라인 비즈니스가 미디어나 콘텐츠 업체와의 경쟁을 버틸 수 있을까요?'

07

공간이 아니라
시간을 설계한다

아이러니했습니다. 이로운 시도가 새로운 시련을 낳은 셈이니까요. 오프라인 공간이 미디어로 진화한 덕분에 오프라인 매장은 온라인 커머스뿐만 아니라 미디어나 콘텐츠와도 경쟁해야 하는 처지에 놓였습니다. 온라인 커머스 업체들만큼이나 미디어나 콘텐츠 업체들도 만만치 않으니, 오프라인 비즈니스가 더 험난한 길에 들어섰다고 볼 수 있죠. 그럼에도 불구하고 퇴사준비생 이모씨는 오프라인 비즈니스의 이러한 방향성이 논리적인 미래라는 생각이 들었습니다. 그래서 그는 이 역설적인 상황을 해석하기 위해 스스로에게 질문을 던집니다.

'오프라인 비즈니스는 진화 방향과 관계없이 미디어나 콘텐츠와 경쟁할 처지 아니었을까?'

퇴사준비생 이모씨의 머릿속에는 그가 대학교에 다닐 때 주목받았던 책이 문득 떠올랐습니다. 『나이키의 상대는 닌텐도다』였는데, 경쟁 영역이 파괴되는 현상을 흥미롭게 설명한 책이었습니다. 이 책의 핵심 메시지는 '시장 점유율Market share'이 아니라 '시간 점유율Time share'이 중요하다는 것이었습니다. 앞으로는 고객의 시간을 차지하기 위해 경쟁해야 하기 때문에 동종 업계 간 경쟁에만 갇혀서는 위험하다는 설명입니다. 대표적인 예가 나이키와 닌텐도의 관계죠. 스포츠용품을 파는 나이키와 게임기를 파는 닌텐도는 산업이 달라 경쟁할 일이 없어 보이지만, 산업이 아니라 고객의 시간을 중심으로 보면 상황이 달라집니다. 사람들이 집안에서 닌텐도 게임을 하는 시간이 늘어날 경우, 자연히 운동할 시간이 줄어드니 나이키에 위협이 된다는 거죠.

15여 년 전에 출간된 책이지만 이 책의 메시지는 여전히 유효합니다. 어쩌면 더 필요해졌을 수도 있죠. 라이프스타일의 시대로 넘어가면서 산업 간 영역은 더 파괴되고 고객의 시간을 총체적으로 설계하는 능력이 더 중요해졌으니까요. 그럼에도 불구하고 오래전에 나온 개념이라 올드하다는 생각이 든다면, MZ세대의 열렬한 지지를 받고 있는 넷플릭스의 창업자이자 CEO인 리드 헤이스팅스의 말을 들어볼 필요가 있습니다.

"넷플릭스는 수면 시간과 경쟁합니다."

고객이 넷플릭스를 시청하는 시간을 늘리는 게 중요하기 때문에, 궁극적으로 넷플릭스는 수면 시간을 경쟁의 대상으로 본다는 겁니다. 콘텐츠가 재미있으면 밤을 새워서라도 보니까요. 수면 시간을 경쟁 상대로 지목하면서 시간 점유율을 뺏어 가는 모든 업체와 경쟁한다는 것을, 동시에 수면 시간 시간 말고는 딱히 경쟁 상대로 여기지 않겠다는 것을 사실상 선언한 셈입니다. 수면 시간을 꺼내든 리드 헤이스팅스의 언급은 시장 점유율이 아니라 '시간 점유율'의 관점으로 비즈니스를 바라보기에 가능한, 창의적인 표현입니다.

오프라인 비즈니스라고 예외는 아닙니다. 시간 점유율로 바라보면 오프라인 비즈니스는 이미 온라인 커머스뿐만 아니라 미디어나 콘텐츠 업체와도 경쟁하고 있었던 겁니다. 오프라인 비즈니스가 미디어화되는 것과 관계없이 말이죠. 미디어나 콘텐츠를 보는 시간이 늘어나면 밖으로 나올 일이 줄어드니까요. 이런 상황이라면 오프라인 비즈니스가 영역의 틀을 깨고 미디어로 진화하는 방향은, 경쟁을 심화시키는 험난한 길로 뛰어드는 게 아니라 생존과 성장을 위해 필요한 길로 나아가는 겁니다. 그렇다면 오프라인 비즈니스가 시간 점유율 경쟁에서 살아남으려면 어떻게 해야 할까요?

오프라인에도 '돌려볼 채널'이 필요하다

퇴사준비생 이모씨는 갤러리 라파예트 백화점, 스토리, 쇼필즈 등 6화에서 소개한 곳들을 다시 곱씹어 봤습니다. 오프라인 공간이 미디어화되는 현상을 대표하는 사례를 이리저리 뜯어보다 보면 진화의 방향에 대한 또 다른 단서를 찾을 수 있을테니까요. 그러다가 매장 내에서의 체험이 아니라 매장에 도착하기까지의 경험에서 힌트를 얻습니다.

뉴욕에 있는 스토리와 쇼필즈를 방문할 때는, 그 여정이 목적지향적일 수밖에 없었습니다. 주변에 들를 만한 곳이 딱히 있지 않았으니까요. 스토리와 쇼필즈를 갈 목적이 아니라면 굳이 그곳으로 갈 필요가 없었죠. 반면에 파리의 샹젤리제 거리에 위치한 갤러리 라파예트 백화점을 갈 때는 반대였습니다. 백화점에 가기까지 중간중간에 이 가게 저 가게를 구경하고 기웃거리느라 백화점에 도착하기까지 예상보다 시간이 더 걸렸죠. 만약 갤러리 라파예트 백화점에 갈 목적이 없었더라도 샹젤리제 거리를 걷는 재미가 있어, 그 거리에 갈 이유가 있었습니다.

이러한 생각이 드는 건 퇴사준비생 이모씨의 개인적 취향 때문이 아닙니다. 이론적으로도 설명 가능한 현상이죠. 『도시는 무엇으로 사는가』를 보면 퇴사준비생 이모씨가 샹젤리제 거리에서 느낀 재미를 해석할 수 있습니다.

거리에 매장이 있는 경우, 행인이 선택할 수 있는 경우의 수는 둘 중 하나입니다. 매장으로 들어가거나, 말거나. 여기서 매장이 하나 더 늘어나면 행인의 선택지는 4가지가 됩니다. 앞과 뒤의 매장 둘 다 들어가는 경우, 둘 다 지나치는 경우, 앞의 매장은 들어가지만 뒤의 매장은 지나치는 경우, 그 반대의 경우죠. 이대로 매장의 수가 n개로 늘어나면 선택의 조합이 2의 n제곱으로 기하급수적으로 증가합니다. 경험이 다채로워지고, 그만큼 재미를 느낄 확률이 높아지는 겁니다. 이 책의 저자 유현준 교수는 여기서 그치지 않고, 거리의 매장 수와 고객 경험의 상관관계를 TV 채널에 비유해 이해하기 쉽게 부연 설명합니다.

　"예를 들어서 5미터에 하나씩 점포의 출입구가 나온다는 것은 보행자의 속도를 시속 4킬로미터로 보았을 때 4.5초당 새로운 점포의 쇼윈도가 나타난다는 것이다. 이 쇼윈도를 통해서 제공되는 시각적 정보는 신상품 옷일 수도 있고 식당에 앉은 사람들이 될 수도 있을 것이다. 우리는 TV를 시청하면서 특별히 볼 채널이 없을 때 2~3초에 한 번씩 채널을 바꾼 경험을 누구나 가지고 있다. 이런 경우 특별히 흥미로운 프로그램이 없더라도 서로 다른 채널의 화면 속 영상들이 새로운 시퀀스로 편집되어서 새로운 의미를 전달하기도 하고, 단순하게는 다른 채널로 바뀐다는 변화의 리듬감 때문에도 끊임없이 TV 앞에 앉아 있게 된다. 이와 마찬가지로 4.5초당 점포가 변화된다는 것은 4.5초당 케이블 TV의 채널을 바꾸는 것과 같은 효과를 뜻한다."

『도시는 무엇으로 사는가』 중

　이 설명에서 알 수 있듯, 만약 자동으로 TV 채널이 돌아간다면 한참 만에 채널이 넘어가기보다 빠른 주기로 이어질 때 TV 앞에 오랫동안 앉아 있을 가능성이 높아집니다.

꼭 자동으로 넘어가는 게 아니더라도 볼만한 콘텐츠가 여러 개 있을 때 TV를 오래 보게 되는 거죠. 퇴사준비생 이모 씨는 여기에 오프라인 매장이 미디어로서 시간 점유율을 높일 수 있는 방법이 있다는 생각이 들었습니다.

오프라인 매장은 미디어로 진화하기 위해 공간을 감각적으로 콘텐츠화할 필요가 있습니다. 그래야 사람들의 발길을 끌어당길 수 있는 자력이 생기죠. 하지만 그 힘은 나홀로 덩그러니 위치할 때보다 여럿이 함께할 때 더 커집니다. 여러 매장이 연속해서 있을 때, 그래서 사람들의 능동적인 선택권이 늘어날 때, 사람들이 그 지역 또는 거리 등을 방문할 확률이 올라간다는 거죠. 당장은 매장끼리 고객 유입을 두고 경쟁하는 것처럼 보이지만, 그 지역 또는 거리의 매력을 높여 트래픽을 키운 후 그것을 나누는 것이 모두에게 더 도움이 되는 접근입니다. 특히 오프라인 비즈니스가 온라인 커머스와도, 그리고 미디어나 콘텐츠와도 경쟁해야 하는 처지라면 오프라인 매장끼리 더욱 힘을 모을 필요가 있죠.

연장선상에서 오프라인 비즈니스에서 채널의 의미도 바뀌어야 합니다. 과거에는 유통을 할 수 있는 통로나 경로로 채널을 썼다면, 이제는 다양한 콘텐츠가 담긴 TV 채널과 같은 개념으로 채널을 읽을 필요기 있습니다. 마치

'Function'의 뜻을 문과생은 기능이라고 해석하지만, 이과생은 함수로 이해하는 것처럼요. 결국 오프라인 비즈니스가 시간 점유율을 높이기 위해선 개별 매장이 콘텐츠를 가진 미디어가 되는 건 물론이고, 이런 매장들이 모여 하나의 채널을 이룰 수 있어야 합니다. 오프라인 공간은 채널화를 통해 떠나 보고 싶은, 혹은 시간을 보내고 싶은 여행지가 되어야 하는 거죠.

위기의 시장을 구하는 지혜 - 올드 스피탈필즈 마켓

'오프라인 비즈니스에서 채널이 중요하다면 시장은 왜 고전하는 걸까?'

퇴사준비생 이모씨는 시장에 주목했습니다. 시장은 태생적으로 여러 가게들이 모여 있어 방문하는 재미를 주는 곳이니까요. 하지만 시장은 오프라인 비즈니스 중에 가장 큰 위기를 겪고 있는 영역이기도 했습니다. 그는 이 가설과 현실 사이의 간극을 스터디하다 보면 오프라인 비즈니스의 채널에 대한 생각을 더 구체화할 수 있겠다는 판단이 들었습니다. 그래서 런던을 다녀왔던 기억을 되살립니다. 런던

올드 스피탈필즈 마켓　　　　　　　　　　　　©Old spitalfields market

에는 브릭레인 마켓, 버로우 마켓, 포토벨로 마켓, 캠든 마켓, 올드 스피탈필즈 마켓 등 여전히 생기있는 시장이 많으니까요.

　　이 중에서 그의 마음에 들었던 시장은 올드 스피탈필즈 마켓이었습니다. 런던에 있는 여느 시장과 달리, 전통적인 특성을 유지하면서도 모던함을 더했기 때문이죠. 모던함을 더했다는 건 부활을 시켰다는 뜻입니다. 실제로 올드 스피탈필즈 마켓은 350여 년 전에 조성된 시장인데, 시간을 이기지 못하고 활력을 잃어 갔습니다. 이 시장에 다시 생

올드 스피탈필즈 마켓　　　　　　　　　　　　　　　©Old spitalfields market

기를 불어넣는 작업을 부동산 개발회사 '밸리모어 그룹'이
주도했습니다. 리빌딩의 핵심은 시장을 가변적으로 운영할
수 있게 만들어 다채롭게 하고, 즐길 거리를 채우는 일이었
습니다. 이런 방향성 아래 바뀐 시장은 어떤 모습일까요?

　　우선 올드 스피탈필즈 마켓에 들어서면 나무로 된 가
판대와 철제로 된 음식 판매대가 눈에 띕니다. 중정형으로
생긴 공간에 가판대와 음식 판매대가 구획에 맞춰 정렬되
어 있는데, 이 둘의 디자인이 예사롭지 않습니다. 정갈하고
감각적이라 쇼핑의 기분을 자극하고, 시장의 분위기를 통일

성 있게 만듭니다. 별거 아닌 것처럼 보이지만 밸리모어 그룹은 가판대와 음식 판매대를 중요한 요소로 봤습니다. 시장의 중심을 잡아줄 뿐만 아니라 모듈화를 통해 시장을 가변적으로 만들 수 있는 핵심으로 봤기 때문이죠. 그래서 가판대와 음식 판매대 디자인을 영국의 대표적인 건축가 '노먼 포스터'에게 맡겼습니다. 참고로 노먼 포스터는 '런던 밀레니엄 타워'와 애플 신사옥 '애플파크'를 디자인한 건축가입니다. 덕분에 시장의 분위기가 통일성 있으면서도 다채로워집니다.

가판대와 음식 판매대로 연출한 시장 분위기에 스포트라이트를 비추는 건 지붕입니다. 올드 스피탈필즈 마켓은 건물로 둘러싸인 중정형 공간에 위치해 있지만, 그렇다고 천장이 뚫려 있는 건 아닙니다. 산 모양으로 뾰족하게 솟은 지붕 5개가 이어져, 중정형 공간을 덮고 있죠. 밸리모어 그룹은 그냥 놔둬도 아무도 관심 갖지 않을 지붕에도 손을 댑니다. 역사성을 고려해 지붕 모양은 유지하면서 일정 부분의 면을 빛이 투과할 수 있게 리모델링했습니다. 덕분에 조명이 없어도 시장이 밝아지고, 공간이 아늑해집니다.

가판대, 음식 판매대, 천장 등 시장의 하드웨어뿐만 아니라 소프트웨어적인 부분에도 신경을 썼죠. 주기적으로 골동품 마켓, 바이닐 마켓 등을 열고, 밸런타인데이, 크리스마스 등에는 그에 어울리게 시장 컨셉을 기획합니다. 여기에다가 정기적으로 콘서트, 공연, 페스티벌, 전시 등을 개최해 시장을 방문한 사람들이 참여하고 즐길 수 있게 만들었죠. 이렇게 콘텐츠를 입히니 시장의 활력이 더 강해집니다. 다양한 매장이 모여있어 시장 자체가 하나의 채널인데, 이 매장들의 조합이 달라지고 볼거리와 즐길 거리가 더해지니 채널 경쟁력이 높아지는 거죠. 시간을 점유할 수 있는 힘이 세집니다.

밸리모어 그룹의 노력 덕분에 올드 스피탈필즈 마켓은 생기를 되찾았습니다. 하지만 퇴사준비생 이모씨의 머릿속에는 여전히 찜찜함이 남아 있었습니다. 이렇게 해서 시장을 살릴 수 있다면 못 살릴 시장이 별로 없지 않을까라는 의문이 든 거죠. 그래서 더 조사를 해봅니다. 시장 자체를 리빌딩한 것 이상의 고민이 숨어 있을 거란 기대로요. 아니나 다를까 올드 스피탈필즈 마켓에는 다른 시장에서는 찾기 어려운 특별함이 있었습니다. 이를 알기 위해서는 시장 내부에서 벗어나 시장 바깥으로 나가야 합니다.

올드 스피탈필즈 마켓을 재생시키는 마스터 플랜에는 시장 리빌딩뿐만 아니라 업무 공간 조성이 담겨 있었습니다.

텐 비숍스 스퀘어와 올드 스피탈필즈 마켓

시장 바로 옆에 9~12층의 4개 동으로 구성된 복합 업무 단지 '텐 비숍스 스퀘어'가 들어선 거죠. 이 업무 단지 또한 노만 포스터가 설계했습니다. 그가 업무 시설을 디자인하면서 올드 스피탈필즈 마켓의 가판대까지 손을 봐준 셈이죠. 걸어서 갈 수 있는 거리에 배후 인구가 들어서니 올드 스피탈필즈 마켓을 찾는 기본적인 수요가 생깁니다. 특히 올드 스피탈필즈 마켓이 위치한 농네처럼 동네 자체가 쇠퇴하고 있던 거라면 새로운 상주인구 확보가 더욱 중요합니다. 여기에다가 텐 비숍스 스퀘어와 올드 스피탈필즈 마켓 사이에 2개 층으로 이루어진 아케이드 형식의 쇼핑몰을 연결해 자연스럽게 사람들의 동선이 이어지게 했습니다. 이렇게 올드 스피탈필즈 마켓이 생기를 되찾은 거죠.

퇴사준비생 이모씨는 올드 스피탈필즈 마켓이 다시 활력을 찾은 배경에 올드 스피탈필즈 마켓의 변신뿐만 아니라 오피스 워커라는 상주인구가 있다는 생각이 들었습니다. 시장이 오프라인 매장의 집합으로서 채널 경쟁력을 갖는다 하더라도, 마음먹고 가야 하는 곳이라면 사람들의 발길을 이끌기가 쉽지 않죠. 반면에 걸어서 갈 수 있는 거리에 배후인구가 든든하게 있다면 상대적으로 사람들의 시간을 점유할 수 있는 가능성이 높아집니다. 물론 방문하고 싶을 만큼 매력이 있어야 한다는 게 전제겠죠.

버려진 창고를 바꾸는 역발상 – 콜 드롭스 야드

'일상 속에 침투하는 것이 시간을 점유할 수 있는 가장 확실한 방법 아닐까?'

콜 드롭스 야드

©트래블코드

퇴사준비생 이모씨는 올드 스피탈필즈 마켓의 재생 사례에서 시간 점유율을 확보하는 힌트를 얻었습니다. 온라인 커머스, 미디어, 그리고 콘텐츠와 경쟁해야 하는 오프라인 비즈니스에게 상주인구라는 우군이 필요하다는 걸요. 물론 오프라인 매장이 미디어화, 채널화되면서 시간을 보내고 싶은 여행지가 되어야 한다는 점은 여전히 유효합니다. 여기에다가 상주인구가 기본 수요를 받쳐준다면 오프라인 비즈니스가 보다 안정적으로 날개를 달 수 있다는 거죠. 그는 상주인구의 중요성을 올드 스피탈필즈 마켓의 재생 사례만큼 인상적이었던 '콜 드롭스 야드'에서도 느낍니다.

콜 드롭스 야드는 산업 혁명이 한창일 때 석탄 저장 창고로 쓰였으나 석탄 수요가 급감해 기능을 잃고 방치된 곳이었습니다. 1970~80년대에는 런던에서도 손꼽히는 우범지대로 전락했죠. 이곳을 부동산 개발회사 '아전트'가 주목받는 복합문화공간으로 재생시켰습니다. 사실 런던은 도시재생의 모범을 보여주는 곳이라 도시 재생을 웬만큼 잘해서는 명함을 내밀기 어렵습니다. 역할을 다한 화력 발전소를 미술관으로 리모델링한 '테이트 모던 뮤지엄', 우범 지대를 스트리트 아트 등이 가득한 문화예술지구로 탈바꿈시킨 '쇼디치' 지역 등 버려진 공간의 쓸모를 찾아 꾸준히 재생시켜 왔죠. 이 중에서도 콜 드롭스 야드가 눈에 띄는 건 도시 재생의 또 다른 패러다임을 제시했기 때문입니다.

콜 드롭스 야드에 가보면 카메라를 꺼내 들게 됩니다. 건물의 모양이 독특하니까요. 콜 드롭스 야드는 겉모습을 그대로 두고 내부를 리모델링하는 보통의 방식과 달리, 석탄 창고로 쓰이던 건물 2개 동의 지붕을 이어붙여 상징적인 이미지를 만들었습니다. 언뜻 보기엔 천사의 날개처럼 생겼으나, 공식 명칭은 '키스하는 지붕Kissing roofs'입니다. 이름을 듣고 보면 이어진 부분이 익살스러운 입술처럼 보이죠. 여기에 힙한 레스토랑, 바, 편집숍 등 60개 이상의 매장이 들어서 있습니다. 위트 있는 건물 디자인과 감도 높은 매장 구성으로 콜 드롭스 야드는 미디어와 채널로서 필요조건을 갖춘 셈입니다. 하지만 콜 드롭스 야드의 재생을 이것만으로 설명하기는 충분하지 않습니다.

콜 드롭스 야드의 보이지 않는 차별점은 키스하는 지붕 너머에 있습니다. 그 주변으로 비즈니스 타운을 조성한 거죠. 보통의 경우 도시 재생을 할 때 아티스트들을 불러들여 볼거리와 즐길 거리를 제공하는데, 콜 드롭스 야드는 구글, 페이스북 등 글로벌 IT 기업의 직원들을 끌어들였습니다. 그도 그럴 것이 이 지역은 교통의 요지라 비즈니스에 유

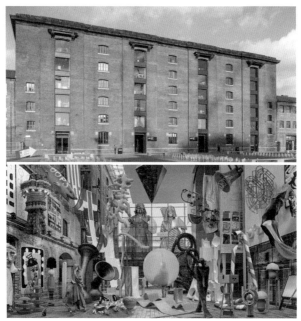

센트럴 세인트 마틴스 ① 외부 ② 내부

©University Arts London

리한 조건을 갖췄습니다. 유럽 대륙으로 연결되는 '유로스타'를 탈 수 있는 '세인트 판크라스'역이 걸어서 갈 수 있는 거리에 있어, 미국 IT 기업들이 영어를 쓰는 런던에 거점을 두고 유럽 대륙으로 비즈니스를 펼쳐갈 수 있는 최적의 장소이기 때문이죠. 이런 지정학적 이점을 바탕으로 대규모의 오피스 워커가 상주인구로 자리 잡습니다.

또한 콜 드롭스 야드 건물에서 조금만 걸어가다 보면 대학교도 보입니다. 근처의 화물 터미널 부지에 런던 예술 대학에 소속된 '센트럴 세인트 마틴스' 캠퍼스가 있죠. 터미널 부지의 건물 외관을 그대로 두어 학교처럼 보이지 않지만, 안으로 들어가면 예술 대학의 분위기가 물씬 풍깁니다. 기존의 도시 재생처럼 아티스트들을 불러들인 건 유사하나, 차이점이 있다면 아티스트를 육성하는 학교를 끌어들였다는 거죠. 덕분에 더 큰 규모의 상주인구가 생깁니다. 여기에다가 그 뒤편에 시선을 사로잡는 육중한 건물이 있는데, 이 건물은 보기와 다르게 주거 시설입니다. 콜 드롭스 야드와 함께 산업화를 상징했지만 시간을 이기지 못하고 문을 닫은 3개의 가스 저장고를 리모델링해 공동 주택을 만든 거죠.

만약 콜 드롭스 야드를 재생시킬 때, 석탄 창고 2개 동에만 초점을 맞췄다면 어떻게 되었을까요? 물론 영국의 대표적인 디자이너이자 이 시대의 레오나르도 다빈치로 불리는 '토마스 헤더윅'이 디자인한 키스하는 지붕과 그곳에 입점한 감도 높은 매장으로도 사람들의 눈길을 사로잡고 발길을 이끌었을 가능성이 높습니다. 하지만 화제몰이 시기가 지난 후에도 외부 사람들이 꾸준히 방문하는 상업 시설이 될지는 모를 일입니다. 이 불확실성을 낮추는 요소가 오피스, 대학교, 주거 시설 등의 상주인구입니다. 그들이 일상 속에서 시간을 보내는 공간으로 자리 잡을 수 있으니까요.

퇴사준비생 이모씨는 해질녘의 콜 드롭스 야드를 바라보면서 기시감이 들었습니다. 철도와 운하가 만나는 곳에서 석탄 창고로 쓰이던 너른 부지에 오피스, 대학교, 주거 시설, 매장이 들어선 풍경을 어디선가 본 거 같아서죠. 가만히 생각해보니 형태는 다르지만, 본질은 유사한 곳을 도쿄에서도 경험한 적이 있었습니다. 부동산 개발회사 '모리 빌딩'이 롯폰기 지역을 재개발해 만든 '롯폰기 힐즈'입니다.

쇠퇴한 동네를 살리는 철학 – 롯폰기 힐즈

콜 드롭스 야드와 롯폰기 힐즈는 서로 다릅니다. 콜 드롭스 야드는 버려진 공간의 대부분을 재생해서 만들었고, 롯폰기 힐즈는 롯폰기 지역을 재개발하면서 일대를 부수고 새롭게 지었죠. 또한 콜 드롭스 야드가 다양한 시설을 부지에 수평적으로 넓게 펼쳐냈다면, 롯폰기 힐즈는 몇 개의 고층 빌딩에다가 수직적으로 집적해 놓았습니다. 게다가 콜 드롭스 야드는 2018년에 새단장을 알린 반면, 롯폰기 힐즈는 그보

롯본기 힐즈   ©Roppongi Hills

다 15년 전인 2003년에 오픈했습니다. 둘이 이렇게 다른데 퇴사준비생 이모씨는 어떤 이유에서 기시감을 느꼈던 걸까요? 시간 점유율의 관점에서 보면 둘 사이에 공통분모가 있기 때문입니다. 이를 이해하기 위해선 롯폰기 힐즈의 개발 배경을 알아야 합니다.

　　롯폰기 힐즈는 '수직도시론'이라는 철학적 배경을 가지고 개발한 곳입니다. 수직도시론은 단순히 도쿄의 땅값이 비싸니까 높이 짓자는 것이 아닙니다. 지식산업 사회로의 전환을 위한 부동산 개발 방향성입니다. 공업 사회에서는 일터와 주거가 분리되어 있었고, 그랬기에 근로시간이 끝나면 일을 잊어버릴 수 있었습니다. 일과 생활이 구분되어 있었던 거죠. 그러나 지식산업 사회에서는 공장의 기계와 시스템이 아니라 사람의 머리와 감성을 가지고 가치를 창출하는 만큼 일하는 시간은 물론이고 여가 시간도 중요해집니다. 이 시간에 휴식을 취하기도 하지만, 영감의 원천을 채울 수도 있기 때문이죠.

수직도시론은 일터, 주거지, 문화 시설, 휴식 공간의 경계를 없애서 지식산업 사회에 적합한 환경으로 만들려는 시도입니다. 수직도시를 건설해 출퇴근 시간의 낭비를 줄이고 여가 시간을 보내기 위해 어딘가를 찾아가는 시간을 아껴, 절약한 시간만큼 다양한 문화를 경험하고 사람들과 교류할 수 있도록 하자는 거죠. 또한 다양한 시설을 수평으로 펼치지 않고 수직으로 쌓아 올리면 필요한 땅의 면적을 줄일 수 있는데, 그렇게 확보한 땅을 공원 등으로 활용해 도심 속에서도 자연을 누리고 휴식을 즐길 수 있게 만들었습니다. 이처럼 롯폰기 힐즈에는 지식 노동자들이 시간을 생산적으로 활용할 수 있게 돕자는 철학이 밑바탕에 깔려있습니다.

퇴사준비생 이모씨는 롯폰기 힐즈의 개발 철학이 허

모리 미술관 ©Roppongi Hills

울뿐인 구호에 그치는 것이 아니라는 생각이 들었습니다. 글로벌 기업들의 오피스, 레지던스, 인기 있는 브랜드 매장이야 다른 복합문화 시설과 큰 차이가 없어 보였죠. 하지만 현대 미술을 전시하는 '모리 미술관', 직장인들의 자기계발 공간인 '아카데미 힐즈'를 방문했을 때는 진정성이 느껴졌습니다. 모리 미술관과 아카데미 힐즈는 각각 롯폰기 힐즈에 있는 모리 빌딩의 53층, 49층에 위치해 있는데, 전망 좋은 최상층부를 수익성 높은 레스토랑이나 바가 아니라 문화를 위한 공간으로 배치할 만큼 지식산업 사회의 오피스 워커가 시간을 의미 있게 쓸 수 있도록 배려하고 있기 때문입니다.

아카데미 힐즈 ©Roppongi Hills

상주인구가 한 곳에서 시간을 보낼 수 있게 구역을 구성하는 것. 퇴사준비생 이모씨가 콜 드롭스 야드에서 기시감을 느낀 이유입니다. 그렇다고 콜 드롭스 야드를 재생시키면서 '수평도시론'과 같은 키워드를 내세우며 거창한 철학적 배경을 밝힌 건 아닙니다. 하지만 단순히 상업 시설을 재생시키는 데 그치지 않고 그 일대에 오피스, 대학교, 주거 시설 등을 포진시켰다는 점에서 모리 빌딩이 재개발한 롯폰기 힐즈와의 공통분모를 찾을 수 있죠. 이처럼 오프라인 비즈니스가 활성화되기 위해선 외부에서 사람들이 올 수 있도록 고민하는 것도 필요하지만, 안정적 수요를 창출하는 상주인구의 시간 점유율을 높이는 것도 그에 못지않게 중요하게 고려해야 합니다.

'여행지가 되거나 생활권이 되거나, 혹은 둘 다이거나'

퇴사준비생 이모씨는 오프라인 비즈니스가 채널화를 바탕으로 시간 점유율을 높이는 방법을 둘 중 하나 혹은 둘 다로 봤습니다. 여행지가 되어 사람들이 그곳에 가서 시간을 보내고 싶게끔 하거나, 아니면 생활 권역에 있어 일상의 시간 속에 침투하는 거죠. 둘 다 해당될 수 있다면 더할 나위 없고요. 어중간한 곳에 위치한다면 어지간한 매력이 있지 않는 이상, 살아남기가 점점 힘들어질 것으로 예상했습니다. 물론 3화에서 설명했듯 스마트폰으로 인해 오프라인 비즈니스에서 입지의 입지가 좁아졌습니다. 하지만 그것도 큰 틀에서 여행지나 생활 권역에 매장이 위치할 경우에 해당합니다. 그렇지 않다면 사람들이 일부러 찾아갈 만한 강력한 이유를 제공할 수 있어야 하죠.

퇴사준비생 이모씨는 런던, 도쿄 등을 다녀왔던 기억이 문득 그리워졌습니다. 코로나19 팬데믹으로 해외여행을 할 수 없는 상황이라 더 그랬죠. 한편으로는 해외로 떠날 수 없다면 국내에서 이런 경험을 할 수는 없을까라는 생각도 들었죠. 런던, 도쿄 등의 사례를 되짚어 보면서, 글로벌 추세가 이러하다면 우리나라에도 공간이 아니라 시간을 설계하며 오프라인 비즈니스의 미래를 만들어 가려는 시도가 있을 거란 기대가 생겼습니다. 그래서 찾아보기로 합니다.

'국내에도 공간이 아니라 시간을 설계하려는 시도가 있을까요?'

08

라이프스타일을 바꾸는 오프라인 비즈니스

오히려 더 어려웠습니다. 우리나라 사례라 찾기 쉬울 거라 생각했는데, 익숙한 일상을 낯설게 보는 게 쉽지 않았죠. 그래서 퇴사준비생 이모씨는 선택의 폭을 좁히기 위해 2가지 기준을 정했습니다. 패러다임을 바꿀 만큼 기존의 방식과 다르면서, 동시에 한국에서 일어난 진화여서 더 의미 있는 사례로요. 7화에서 설명했듯이 시간 점유율을 높이려면 여행지가 되거나 생활권이 되거나 혹은 둘 다가 되어야합니다. 그렇다면 이런 조건을 충족하면서도 관행을 깰 만큼 새로울 뿐만 아니라 한국의 특수한 상황을 반영한 사례는 무엇일까요?

아파트 상가의 새로운 패러다임 - 앨리웨이 광교

퇴사준비생 이모씨는 우선 여행지가 되는 경우를 떠올려 봤습니다. 이태원, 연남동, 을지로, 성수동 등은 지역 일대가 몇몇의 프론티어를 중심으로 시간을 보내고 싶은 동네로 자연스럽게 발전한 케이스입니다. 각 지역의 역사성을 바탕으로 지역성을 살린 모범적 사례들이지만 전 세계적 흐름 중 하나인 로컬 문화와 도시 재생의 연장선이지 패러다임을 바꾼 건 아니었습니다. 이러한 트렌드의 한국 버전인 셈이죠. 또한 교외의 쇼핑몰이나 아웃렛처럼 부동산 개발 업체나 유통 업체가 주도한 곳들도 시간을 보내고 싶은 여행지가 되는 경우가 많지만, 이런 유형은 이미 글로벌하게 자리 잡은 현상입니다.

무역센터의 코엑스몰, IFC센터의 IFC몰 등 오피스 생활권을 중심으로 오프라인 매장을 채널화하면서 시간을 보내고 싶은 여행지가 된 곳들도 마찬가지입니다. 진작에 보편화된 모델이니 우리나라라고 해서 특별할 것이 없었죠.

여행지를 살펴봐도, 생활권을 둘러봐도 '새로운 패러다임을 제시하면서도 우리나라의 상황에 특화된 사례'를 찾기가 어려워 보였습니다.

벽에 막힌 듯했죠. 그래서 그는 머리도 식힐 겸 TV를 켰다가 우연히 흥미로운 장면을 보게 됩니다. 뉴스에서 부동산 이슈를 다루면서 항공샷을 보여줬는데, 거기엔 네모반듯한 아파트들이 화면을 한가득 채우고 있었습니다. 다른 나라에도 아파트가 있고 신도시가 있겠지만, 이렇게 아파트를 중심으로 대규모의 신도시가 빽빽하게 개발되는 경우는 많지 않을 거란 생각이 머리를 스쳤죠. 아파트가 보편적인 주거 시설로 자리잡은 건 우리나라의 독특한 상황이 반영된 결과였습니다.

그는 바로 TV를 끄고 다시 노트북 앞에 앉았습니다. 오프라인 비즈니스의 흐름에 맞춰 아파트 상가를 혁신한 곳이 있다면, 패러다임을 바꾸면서도 우리나라의 특수성을 반영한 사례가 될 수 있을 거란 기대가 생겼으니까요. 이러한 관점으로 조사를 해보니, 아니나 다를까 아파트 상가의 새로운 모델을 제시한 곳이 있었습니다. 바로 '앨리웨이 광교'입니다. 그래서 퇴사준비생 이모씨는 변화의 현장을 눈으로 확인하러 앨리웨이 광교를 찾아갑니다.

분양이 아니라 운영으로

'이렇게 아파트 상가가 큰데 스타벅스가 없는 건가?'

퇴사준비생 이모씨는 앨리웨이 광교를 본격적으로 둘러보기 전에 커피를 한 잔 마시고 싶었습니다. 그런데 아무리 둘러봐도 그 흔한 스타벅스도 안 보이고, 다른 대형 프랜차이즈 카페도 없었습니다. 전형적인 브랜드 카페 대신 개성 있는 복합문화공간 내에 카페가 함께 있었죠. 또한 카페가 있을 법한 명당 위치에는 '책발전소'라는 서점이 있었습니다. 앨리웨이 광교에서 스타벅스나 대형 프랜차이즈 카페의 모객력과 매출 규모를 모를 리 없을텐데, 그럼에도 그런 매장이 보이지 않는 풍경에서 롯폰기 힐즈가 오버랩 되었습니다.

7화에서 설명했듯 부동산 디벨로퍼 모리 빌딩은 지식산업 시대에 적합한 '수직 도시'를 만들겠다는 철학을 가지고 롯폰기 힐즈를 만들었죠. 그리고 이 철학의 진정성을 엿볼 수 있는 시설이 모리 빌딩 53층에 있는 모리 미술관과 49층에 위치한 아카데미 힐즈였습니다. 도쿄의 전망을 내려다볼 수 있는 최상층부에 수익성 높은 레스토랑이나 바 대신 문화 시설을 구성했으니까요. '명당엔 대형 카페'라는 공식을 깬 앨리웨이 광교에도 롯폰기 힐즈와 마찬가지로 개발 철학이 있을 거란 생각이 들었습니다. 그래서 마침 미디어 업계 사람들을 대상으로 한 앨리웨이 광교 도슨트 프로그램을 신청해 궁금한 부분들을 확인해 보기로 합니다.

앨리웨이 광교 ©Alleyway

도슨트와 함께 매장을 둘러보다가, 퇴사준비생 이모 씨는 또 하나 특징적인 점을 인지합니다. 아파트 상가에 몇 개씩이나 있는 부동산 중개소가 보이지 않았죠. 물론 아파트 매매나 전월세 계약을 해야 하니 없지는 않았지만, 앨리웨이 광교 뒤편에 전형적인 부동산 중개소와는 거리가 먼 모습으로 하나만 위치해 있었습니다. 명당에 대형 카페를 넣지 않은 것처럼, 관리를 하지 않고는 사실상 불가능한 구성이었죠. 아파트 단지가 지어지고 상권이 형성되기 전에는 임대료를 감당할 만큼의 매출을 낼 수 있는 업종이 부동산 중개소이기 때문에 아파트 상가에는 부동산 중개소가 많을 수밖에 없습니다.

"분양하지 않고 운영하기 때문에 가능합니다."

궁금증을 참지 못하고 퇴사준비생 이모씨가 던진 질문에 대한 도슨트의 답입니다. 앨리웨이 광교의 매장 구성이 다른 이유였죠. 보통의 경우, 부동산 디벨로퍼는 아파트 단지를 개발한 후 아파트 상가를 분양합니다. 그러면 수익이 바로 발생하니 자금 흐름을 개선할 수 있고, 입점할 업체를 찾거나 임대 조건을 협의해야 하는 등의 번거로운 과정이 없어지니까요. 돈이 되고, 신경 쓸 일이 줄어드니 분양하지 않는 게 이상한 일입니다. 하지만 이상하게도 부동산 디벨로퍼의 손을 떠나면 아파트 상가의 균형이 무너집니다.

아파트 상가에 어떤 매장을 입점시킬지는 상가를 분양받은 쪽의 몫입니다. 당연하지만 수분양자는 임대료를 가장 많이 지불하는 곳에 매장을 내줍니다. 아파트 상가 전체의 구성이 어떨지에 대해서는 관심이 없죠. 이렇게 임대료를 중심으로 '부분 최적화'를 하다 보면 '전체 최적화'가 무너집니다. 편의점, 세탁소, 부동산 중개소, 병원, 학원 등 시장 논리 혹은 부동산 디벨로퍼가 정한 최소한의 가이드라인에 의해 필요 시설이 입점하겠지만, 매장을 넘나들면서 시간을 보내고 싶은 곳은 아닌 곳이 되죠. 구조적으로 아파트 상가의 오프라인 비즈니스는 채널화되기 어렵다는 뜻입니다. 동시에 오프라인 비즈니스가 진화하는 흐름과 거리가 멀다는 의미이기도 하죠.

앨리웨이 광교를 개발한 '네오밸류'는 아파트 상가의 이러한 고질적이고 구조적인 문제를 해결하고자 분양 대신 운영을 택했습니다. 이럴 경우 입점 업체를 확보하고 관리하기 위해 필요한 노력이야 둘째 쳐도, 상가를 분양하지 않아서 포기해야 하는 매출은 어느 정도일까요? 산출 범위와 방식에 따라 달라질 텐데 대략적으로 보면 3500억원 수준입니다. 숫자로만 판단한다면 쉽게 내려놓을 수 없는 규모지만, 경제적 논리 대신 철학적 접근을 우선시했기에 가능한 일이죠. 그렇다면 네오밸류가 3500억원과 맞바꾼 아파트 상가 개발 철학은 도대체 무엇일까요?

'라이프스타일 빌리지'

삶의 방식을 바꾸는 거점이 되겠다는 의지가 담긴 철학입니다. 마치 간편식이 나와서 식생활의 방식이 바뀌었고, 캠핑카가 등장해서 여행의 방식이 달라졌으며, 스마트폰이 탄생해서 생활의 방식이 총체적으로 변했듯이, 앨리웨이 광교로 동네에서의 생활 방식을 새롭게 하겠다는 거죠. 간편식, 캠핑카, 스마트폰 등 라이프스타일을 바꾸는 시도에 '더 나음'이라는 방향성이 전제에 있는 것처럼, 라이프스타일 빌리지를 표방하는 앨리웨이 광교에도 살기 좋은 동네를 만들겠다는 포부가 깔려 있습니다. 부동산 디벨로퍼의 경제적 이득과 운영 편의성에 밀려서 뒷전에 있던 '사람'과 '생활'을 맨 앞에 두겠다는 거죠. 그래서 네오밸류는 스스로를 부동산 디벨로퍼가 아니라 라이프스타일 디벨로퍼로

부릅니다.

살기 좋은 동네를 만들기 위해 네오밸류는 아파트 상가의 '시설'뿐만 아니라 그곳에서 보내는 '시간'에 신경을 썼습니다. 롯폰기 힐즈가 지식산업 시대에 오피스 워커들이 시간을 가치 있게 보낼 수 있도록 '수직 도시'로 공간을 구성했다면, 앨리웨이 광교는 라이프스타일 시대에 동네 주민들이 시간을 가치 있게 쓸 수 있도록 '라이프스타일 빌리지'로 공간을 새롭게 했습니다. 도심까지 멀리 가지 않고 집 밖으로만 나가도 각자가 추구하는 방식대로 시간을 보내고 생활을 즐길 수 있게 말이죠. 집은 잠을 자는 곳일 뿐만 아니라 삶을 사는 곳이니까요.

앵커Anchor 테넌트가 아니라 에코Echo 테넌트로

'이 매장은 처음 보는 거 아닌가?'

있어야 할 스타벅스와 같은 앵커 테넌트가 없는 것도 주목할 만한데, 다른 곳에는 없는 것 같은 매장들이 있는 것도 눈에 띄었습니다. '두수고방', '식물원', '스트롤', '씽크주*' 등 오프라인 매장에 대해 스터디를 열심히 한 퇴사준비생 이모씨도 처음 보는 매장이었죠. 그뿐 아닙니다. 예상치 못했던 의외의 브랜드들도 곳곳에 보였습니다. '책발전소', '밀도', '아우어 베이커리', '연남 방앗간', '동네 정미소 **' 등 MZ 세대에게 인기지만 아직 지점이 많지 않은 브랜드들도 앨리웨이 광교에 자리 잡고 있었죠. 오프라인 비즈니스의 채널화 흐름에 맞게 공간을 구현해 놓은 겁니다.

퇴사준비생 이모씨는 입점해 있는 매장들을 보면서, 분양 대신 운영을 선택한 것으로 이곳을 설명하기는 충분하지 않다는 생각을 합니다. 운영을 한다고 해서 매장 구성을 이렇게 갖출 수 있는 건 아니니까요. 사실 네오밸류처럼 아파트 상가를 분양하지 않고 운영하는 방식은 패러다임을 바꾸는 접근이긴 하지만 앨리웨이 광교에서 처음으로 시도한 건 아닙니다. 몇몇 부동산 디벨로퍼도 시도했죠. 그럼에도 불구하고 앨리웨이 광교가 차별화되는 이유는 매장 운영 방식에 있습니다.

보통의 경우 아파트 상가를 직접 운영할 때 핵심적으로 고려하는 건 앵커 테넌트입니다. 집객력을 가진 브랜드를

---

* 2021년 3월 24일부로 폐점
** 2021년 3월 31일부로 폐점

찾아 입점시키는 거죠. 부동산 디벨로퍼 업계에서는 전통적으로 극장, 마트, 서점 등을 앵커 테넌트로 여겨왔고, 최근에는 대형 카페, 인기 맛집, SPA 브랜드 등을 앵커 테넌트로 보고 있습니다. 그래서 부동산 디벨로퍼가 직접 운영하는 아파트 상가에 가보면 대형이거나 유명한 앵커 테넌트들로 공간의 대부분을 구성했습니다.

당연히 이는 긍정적인 변화입니다. 앵커 테넌트가 많으면 아파트 상가가 활성화되고, 그곳에서의 삶이 더 나아지니까요. 하지만 앵커 테넌트를 중심으로 아파트 상가를 구성하는 건, 아파트와 상가를 별개로 보는 접근입니다. 아파트 상가라는 특수성을 고려했다기보다 쇼핑몰을 아파트 상가에 옮겨 놓은 셈이죠. 그렇다면 아파트 상가는 일반적인 쇼핑몰과 무엇이 달라야 할까요?

아파트 상가의 본질적 속성은 상가가 아니라 아파트에 있습니다. 사람들이 거주한다는 뜻이죠. 그래서 '동네'라는 개념이 생깁니다. 네오밸류는 이 점에 집중해 분양 대신 운영을 택하면서 아파트 상가의 본질적 속성인 동네에 초점을 맞춥니다. 앨리웨이 광교를 동네의 일부로 바라보고, 이곳에서 사람, 지역, 문화를 연결하는 로컬 커뮤니티를 구축해 기존 쇼핑몰에서는 느낄 수 없는 경험과 추억을 제공하

책발전소

아우어 베이커리

두수고방 ©Alleyway

스트롤 ©Alleyway

겠다는 거죠. 앨리웨이Alleyway라는 이름에도 동네 골목길의 정겨움을 복원하겠다는 목표가 담겨 있습니다. 그렇기 때문에 입점 브랜드를 선정할 때도 앵커 테넌트보다, 이러한 철학에 공감하고 메아리쳐 줄 에코Echo 테넌트를 찾는 거죠.

　퇴사준비생 이모씨는 여기에 작지만 큰 차이가 있다고 봤습니다. 부동산 디벨로퍼가 운영하는 여느 아파트 상가들처럼 결과론적으로 인기 있는 매장이 들어설지라도, 살기 좋은 동네를 만들겠다는 뜻에 함께하는 매장이 모여서 뿜어내는 바이브는 철학적인 접근 없이는 흉내 낼 수 없는 부분이기 때문입니다. 그래서인지 책발전소, 아우어 베이커리, 동네 정미소, 연남 방앗간 등의 매장을 지날 때마다 '살기 좋은 동네'가 메아리치는 듯했습니다. 한편으로는 여전히 풀리지 않는 의문이 있었죠. 다른 곳에서 이미 운영하던 브랜드야 네오밸류의 철학에 공감해 앨리웨이 광교에 입점했다 해도, 처음 보는 매장은 어떻게 이곳에 자리 잡은 건지 궁금했습니다. 그래서 도슨트에게 물어봅니다.

　"동네에 필요한데, 그런 역할을 해줄 적절한 브랜드가 없을 경우 직접 운영하기도 합니다."

한국 전통 사찰음식을 세계에 소개한 정관 스님의 요리를 경험할 수 있는 두수고방, 자연을 공간 안으로 들여 가드닝 라이프스타일을 제안하는 식물원, 제품이나 브랜드의 스토리를 중시하는 남성 라이프스타일 편집숍 스트롤, 집처럼 편안한 시간을 보내며 주거에 대해 생각해 보게 하는 씽크주 등 10여 곳은 동네에 필요한데 마땅한 브랜드가 없어서 네오밸류가 직접 투자해 운영하는 매장이라는 설명입니다. 그뿐 아니라 식물원 내에 있는 빵집인 밀도는 동네에 꼭 필요한 브랜드라고 판단해 인수를 했다는 거죠. 이처럼 네오밸류는 에코 테넌트를 섭외하는 것으로도 모자라 에코 테넌트에 직접 투자하면서, 아파트 상가를 분양하지 않고 운영하는 패러다임을 한 단계 더 끌어올립니다.

사는Buying 곳이 아니라 사는Living 곳으로

'앨리웨이는 골목길을 뜻하는데 광장은 왜 있는 거지?'

퇴사준비생 이모씨는 헷갈렸습니다. 골목길을 뜻하는 앨리웨이라는 이름과 너른 광장이 있는 공간 구성에 차이가 있었으니까요. 심지어 앨리웨이 광교를 전체적으로 둘러보기 전에는 골목길이 없는 줄 알았습니다. 하지만 광장 옆으로 난 길을 따라 들어가니 휴먼 스케일의 골목길이 아기자기하게 펼쳐져 있었죠. 그는 의문이 들었습니다. 광장이 있는 중앙부도 매장으로 구성하고 골목길을 냈다면 앨리웨이의 컨셉도 바로 전달할 수 있고, 매출도 늘릴 수 있었을 텐데 어떤 이유로 네오밸류는 골목길 대신 광장을 택한 걸까요?

도슨트에게 물어봤었어야 했으나 이미 투어 프로그램이 끝난 후였습니다. 게다가 모든 작품이 이슈가 되는 '카우스'의 '클린 슬레이트'와 환상적이면서 가변적인 작품을 만드는 '재닛 에힐만'의 '어스타임 코리아' 등 세계적인 아티스트의 예술 작품이 광장에서 이리 오라고 손짓하는 듯했죠. 그래서 그는 쓸데없어 보이는 호기심은 접어두고 광장에 앉아 그곳에 전시된 작품들을 물끄러미 바라봤습니다. 그러다 문득 그 혼자만 그러고 있는 것이 아니라는 걸 깨닫습니다. 많은 사람들이 광장에서 작품을 감상하기도 하고, 작품을 배경으로 시간을 보내고 있었습니다. 이 풍경을 보다 보니, 그의 머릿속에 도슨트가 설명했던 내용이 새록거렸죠.

"단순히 물건을 사는 곳을 넘어 소소한 문화를 즐기며 일상을 살아가는 공간, 그게 라이프스타일 빌리지죠."

라이프스타일 빌리지는 힙하고 인기 있는 매장이 모여 있는 곳이 아니라는 뜻입니다. 아무리 에코 테넌트로 매장을 구성했다 하더라도, 이는 필요조건일 뿐 충분조건이 아닙니다. 라이프스타일 빌리지의 핵심은 스타일 있게 일상을 즐기도록 생활의 방식을 바꾸는 공간이라는 거죠. 쇼핑센터였다면 광장을 없애고 매장을 더 늘리는 게 나았을지 모르지만, 라이프스타일 빌리지라면 광장을 두고 그곳에서 동네 사람들이 시간을 보낼 수 있게 하는 편이 바람직합니다.

공간을 이렇게 구성하는 건 형태적으로 골목길과 달라질 수 있어도 본질적으로는 골목길과 맥을 같이 하는 시도입니다. 앨리웨이 광교는 골목길 그 자체를 복원하겠다는 게 아니라 골목길이 가진 의미를 현대적으로 재해석하는 걸 목표로 하니까요. 건물 대신 '사람'을, 매출보다 '생활'을 앞세우는 철학을 구현할 수 있다면 그 형태가 꼭 골목길이 아니어도 괜찮은 거죠. 오히려 공간이 비워져 있어 다채롭게 활용할 수 있는 광장이 더 필요합니다. 투어 프로그램에서 들었던 도슨트의 설명에서도 알 수 있었죠.

앨리웨이 광교는 광장에 예술 작품을 설치해두는 걸로 라이프스타일 빌리지로서의 역할을 다했다고 생각하지

앨리웨이 광교 골목길

않습니다. 광장에서 다양한 이벤트를 펼치면서, 동네 주민들이 일상 속에서 즐길 수 있는 문화를 만들어내죠. 버스킹 공연, 플리 마켓, 김장 담그기 등이 대표적입니다. 주기적인 이벤트로 사람이 함께 시간을 보낼 수 있게 하는 건 라이프스타일 제안이기도 하면서, 예전의 동네가 가지고 있던 정겨움, 그리고 이웃과의 관계성을 지금의 방식으로 회복시키려는 시도이기도 합니다. 때로는 호주 서커스단 '스트레인지 프루트'와 같은 대형 공연을 기획해 '동네 부심'을 키워주기도 하죠.

이처럼 네오밸류는 공간에 콘텐츠를 채워 넣으면서, 분양하지 않고 공간을 직접 운영한다는 의미를 확장합니다. 어쩌면 확장이 아니라 그동안 많은 부동산 디벨로퍼들이 간과하던 운영의 진정한 의미를 실천한 것으로도 볼 수 있죠.

퇴사준비생 이모씨는 시간 가는 줄 모르다가 해가 지고 나서야 앨리웨이 광교를 떠났습니다. 나오는 길에 조명을 받은 재닛 에힐만의 예술 작품이 오로라처럼 하늘거려 발길을 떼기가 어려웠죠. 이곳은 동네 주민의 시간뿐만 아니라 퇴사준비생 이모씨처럼 외부에서 온 여행자의 시간도 순식간에 사라지게 하는 힘이 있었습니다. 주차장에 가보니 그와 마찬가지로 외부에서 방문해 차를 타고 집으로 돌아가는 사람들이 많이 보였습니다. 얼마나 오래 시간을 보냈는지는 둘째 치더라도, 아파트 상가에 외부인이 찾아온다는 것 자체가 인상적이었습니다. 오프라인 비즈니스가 미디어가 되고, 채널화되는 흐름과 맞닿아 있기에 가능한 일이죠.

놀러 간 게 아니니 집으로 돌아가는 길에 앨리웨이 광교에서 보냈던 시간을 비즈니스적으로 복기해봅니다. 두수고방에서 제철 재료로 만든 건강한 점심을 먹고, 책발전소에 들러 대형 서점에서는 발견할 수 없었던 책을 몇 권 사고, 밀도에서 앨리웨이 광교점 시그니처 메뉴를 맛보고, 이 곳저곳에서 물건을 샀습니다. 지출이 적지 않았으나 머물렀던 시간에 비하면 시간당 지출은 크다고 볼 수 없었죠. 이곳에서 시간을 보내면서 처음 알게 된 브랜드도 있었고, 이미 익숙한 브랜드의 매장을 구경하며 새롭게 알게 된 점도 많았지만 소비로 이어지진 않았습니다. 5화에서 설명했듯 매장이 판매를 위한 공간이 아니라 브랜드를 알리는 미디어의 역할을 한 거죠. 그의 머릿속엔 불현듯 이런 생각이 떠올랐습니다.

'오늘 하루 몇 명이나 다녀갔을까? 그리고 그들은 무엇을 보고 어떤 생각을 했을까?'

이처럼 매장의 용도가 변했다면 6화에서 정리했던 수익 모델, 핵심 역량, 운영 방식뿐만 아니라 매장을 둘러싼 인프라와 매장을 평가하는 방식이 바뀌어야 하지 않을까요. 그는 매장이 판매하는 공간이라면 매출만으로도 매장의 가치를 평가할 수 있지만, 매장이 미디어라면 그에 맞는 변화가 필요하다는 가설을 세우고 오프라인 비즈니스의 또 다른 진화를 찾아보기로 합니다.

'오프라인 비즈니스가 미디어로서 제대로 기능하고 그 가치를 적절히 평가받으려면 무엇이 필요한 걸까요?'

09

온라인을
벤치마킹해야 하는 이유

♦

처음으로 다시 돌아갔습니다. 오프라인 공간이 미디어로 진화하는 조짐과 징후를 포착한 때로요. 출발점에 대한 이해가 깊어지면 진화의 방향도 더 선명해질 거 같아서죠. 5화에서 설명했듯, 퇴사준비생 이모씨는 D2C 온라인 커머스 브랜드들이 오프라인에 매장을 내는 현상을 주목했었습니다. 오프라인 비즈니스가 위기에 빠진 시대에, 오프라인 매장 없이도 빠르게 성장하던 D2C 온라인 커머스 브랜드들이 오프라인 매장을 내는 건 역설적이었으니까요. 그리고 이 역설을 파고들면서 오프라인 공간이 미디어로 진화하고 있다는 걸 발견했죠.

원점으로 돌아온 퇴사준비생 이모씨는 초점을 달리했습니다. 처음에는 조짐과 징후를 파악하기 위해 오프라인 매장을 내는 D2C 온라인 커머스 브랜드들을 눈여겨봤었죠. 반면, 이번에는 미디어로서 오프라인 매장이 합리적인 대안임에도 불구하고 오프라인 매장으로 진출하지 않는 브랜드들에 관심을 가졌습니다. 그들이 오프라인 매장을 선택하지 않는 이유를 알고 해결할 수 있다면, 오프라인 공간이 미디어로 더 확실하게 자리 잡을 수 있다는 생각이 들어서죠. 그래서 보이는 현상뿐만 아니라 보이지 않는 영역도 관찰해 보기로 합니다.

'오프라인 매장을 내지 않는 D2C 온라인 커머스 브랜드들의 속사정은 무엇일까?'

초점을 바꾸자 더 뿌옇게 보였습니다. 조짐과 징후가 있는 현상이야 분석할 단서들이 눈에 보이는데, 벌어지지 않은 상황을 이해하려니 어디서부터 실마리를 풀어야 할지 몰랐죠. 퇴사준비생 이모씨는 답답한 마음에 바람도 쐬고 아이디어도 얻을 겸 서점을 찾아갑니다. 경제경영 코너를 가니 한켠에 '디지털 트랜스포메이션'을 테마로 한 기획

섹션이 있었습니다. 코로나19 팬데믹으로 인해 많은 기업들이 디지털 비즈니스로 전환하는 흐름을 대변하는 듯했죠.

　　그는 디지털 트랜스포메이션이라는 주제 아래 모여 있는 여러 책들을 보면서 한 가지 의문을 갖습니다. 디지털화는 그냥 하면 되는 거 같은데 이렇게 많은 책들이 출간되어 있는 게 의아했죠. 그래서 그중에 눈에 띄는 책들을 들춰보다가 디지털 트랜스포메이션이 어려운 이유를 이해하게 됩니다. 디지털 트랜스포메이션은 단순히 디지털화하는 게 아니라 필요 역량, 조직 문화, 운영 방식, 성과 평가 등 근본적인 체질을 개선하는 과정입니다. 그래서 심층적인 접근이 필요하다는 것이죠. 그리고 그는 이 설명에서 한 가지 힌트를 얻습니다.

피지컬Physical 트랜스포메이션도 어렵다

'온라인으로 들어가는 게 어려우면, 오프라인으로 나오는 것도 힘든 거 아닌가?'

퇴사준비생 이모씨는 디지털 트랜스포메이션을 응용해 '피지컬 트랜스포메이션'이란 개념을 떠올렸습니다. 피지컬 트랜스포메이션은 오프라인 중심의 회사가 온라인으로 들어가려는 디지털 트랜스포메이션과 반대 방향의 시도인 거죠. 그리고 디지털 트랜스포메이션만큼이나 피지컬 트랜스포메이션도 쉽지 않을 거란 생각이 들었습니다. 단순히 디지털 기술을 접목시키는 것으로 디지털 트랜스포메이션이라 할 수 없듯, 온라인 커머스 브랜드들이 오프라인 매장을 낼 때도 다양한 변화가 함께 일어나야 할 테니까요. 그래서 그는 온라인 커머스 브랜드 입장에서 오프라인 진출이 얼마나 어려울지를 상상해 봅니다.

우선 고려해야 할 요소가 바뀝니다. 매장 입지도 선정해야 하고, 임대 계약 협상도 해야 하며, 인테리어도 해야 합니다. 또한 매장을 꾸민 후에 제품 진열도 신경 써야 하고, 운영 직원을 교육해야 하는 등 오프라인 매장을 오픈할 때까지 해결해야 할 이슈들이 많습니다. 이 중에서 매장 입지 선정, 임대 계약 협상, 인테리어 디자인은 온라인 커머스 브랜드들이 그동안 경험해보지 못한 영역이죠. 제품 진열과 직원 교육이야 해봤던 일이지만, 오프라인으로 나오면서 그 방법이 달라져 사실상 새로운 영역에 가깝습니다.

또한 준비 기간도 달라집니다. 입지 선정부터 직원 교육까지 여러 과정을 거쳐야 하기에 오프라인 매장을 론칭하려면 적어도 몇 달은 족히 걸립니다. 기존의 툴들을 활용할 경우, 며칠 만에도 오픈할 수 있는 온라인 커머스 사이트와는 대조적이죠. 게다가 온라인 커머스를 운영할 때와 고려해야 할 요소가 다른 만큼, 필요로 하는 역량에도 차이가 있습니다. 5화에서 초기 투자 비용을 계산했던 것처럼 눈에 보이는 초기 투자 비용은 인테리어 비용이지만, 오픈 준비 기간, 필요 역량 확보 등 보이지 않는 부분까지 고려하면 시간과 비용이 더 많이 듭니다. 속도감에 익숙한 온라인 커머스 브랜드에겐 답답한 일이죠.

그뿐 아니라 속성도 대비됩니다. 온라인 커머스는 가변성이 높아 가볍게 테스트하고 수정하면서 사이트를 발전시킬 수 있는 반면, 오프라인 매장은 인테리어나 구성 등을 바꾸기가 상대적으로 어렵습니다. 그리고 온라인 커머스야 오픈 비용이 크지 않기 때문에 반응이 기대에 못 미칠 경우 사이트를 쉽게 닫을 수 있지만, 오프라인 매장은 그렇지 않습니다. 성공적으로 운영될지 모르는 상황에서 3년, 5년 등 장기로 임대 계약을 하는 것도 부담이죠. 바꾸기가 어렵다는 건 그만큼 신중하게 의사결정을 해야 한다는 뜻입니다. 온라인 커머스 브랜드에게는 낯설 수 있죠.

이처럼 온라인 커머스 브랜드가 오프라인으로 나오

는 피지컬 트랜스포메이션도 어렵습니다. 오프라인 매장이 온라인으로 들어가는 디지털 트랜스포메이션 못지않게 체질 개선을 해야 하니까요. 그래서 퇴사준비생 이모씨는 피지컬 트랜스포메이션의 허들을 낮출 수 있다면, 오프라인 공간이 미디어로서 더 제대로 기능하고 더 적절히 평가받을 수 있을 거라 생각합니다. 미디어로서 오프라인 공간의 진화가 가속화되는 건 물론이고요. 그렇다면 피지컬 트랜스포메이션을 더 쉽게 할 수 있는 방법이 있을까요?

오프라인 공간에도 템플릿이 필요하다 – 브랜드박스

'온라인 커머스 브랜드는 어떻게 이렇게 폭발적으로 늘어났을까?'

퇴사준비생 이모씨는 거꾸로 접근해 봤습니다. 창업자들이 브랜드를 만들 때 온라인 커머스부터 시작하는 이유를 알고, 이와 유사한 환경을 만들 수 있으면 오프라인 매장을 내는 온라인 커머스 브랜드도 늘어날 거란 생각이 든 거죠. 온라인 커머스 브랜드가 늘어나는 이유는 다양하겠지만, 스터디를 해보니 핵심은 이거였습니다. 쉽고, 빠르고, 저렴하게 제작할 수 있는 툴이 생겨서였죠.

과거에는 온라인 커머스 사이트를 론칭하려면 직접 개발을 해야 해서 시간과 비용이 많이 들었습니다. 하지만 온라인 커머스 사이트를 마음대로 꾸밀 수 있게 툴을 제공하는 서비스 플랫폼들이 등장하면서 상황이 달라졌습니다. 템플릿을 활용하면 특별한 개발 없이도 온라인 커머스 사이트를 블로그 만들 듯이 제작할 수 있으니까요. 초기 투자 비용이 파격적으로 줄어드니 진입 장벽이 낮아지고, 가볍게 시작할 수 있으니 늘어날 수밖에 없는 겁니다. 이 점에서 착안해, 퇴사준비생 이모씨는 오프라인 매장을 쉽고, 빠르고, 저렴하게 열 수 있는 툴을 제공하는 곳이 있는지를 찾아봅니다.

'픽셀에서 피지컬로From pixel to physical'

'브랜드박스'의 슬로건입니다. 픽셀로 이루어진 온라인 커머스 브랜드가 눈에 보이는 매장으로 확장할 수 있도록 돕겠다는 비전을 표현한 거죠. 이 회사가 등장한 배경에는 미국의 부동산 디벨로퍼 '메이서리치'가 있습니다. 온라인 커머스 브랜드들이 오프라인으로 진출하는 흐름을 읽고,

메이서리치가 개발하는 쇼핑몰에 온라인 커머스 브랜드들을 적극적으로 유치하기 위해 론칭한 서비스죠. 도대체 브랜드박스가 어떤 서비스를 제공하길래 오프라인 매장을 내는 일이 상대적으로 쉬워지는 걸까요?

우선 입지 선정부터 함께 하면서 의사결정을 도와줍니다. 온라인 커머스 브랜드가 서비스를 신청하면, 메이서리치가 운영하는 미국 전역의 50여 개의 쇼핑몰 중 프리미엄 쇼핑몰 3곳을 입점 가능한 후보군으로 제안하죠. 상권별 인구 통계, 소비 수준, 주변 테넌트 등을 바탕으로 온라인 커머스 브랜드의 타깃, 제품 구성, 객단가 등을 고려해 3곳의 쇼핑몰 중 최적의 입지를 추천하는 것입니다. 상권과 매장 위치의 특성을 이해하기 위해 현장에서 몇 날 며칠을 관찰할 필요가 없어지죠.

입지를 선정하면 계약을 해야 합니다. 브랜드박스는 이 단계에서도 고민을 덜어줍니다. 보통의 경우에는 몇 년 단위로 임대 계약을 진행하는데, 브랜드박스에서는 6개월, 12개월 등 계약 기간을 유연하게 조정할 수 있죠. 아무래도 오프라인 매장을 여는 실험이 어떻게 될지 모르는 상황이니 온라인 커머스 브랜드에겐 단기 계약이 유리합니다. 하지만 계약 기간이 짧아져도 인테리어 비용이 여전하다면 오히려

Formats	Theme

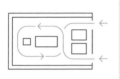

Full Shop

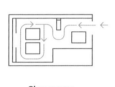

Showroom

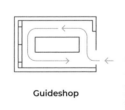

Guideshop

브랜드박스 매장 디자인 템플릿

기간당 인테리어 비용은 높아지게 됩니다. 그래서 브랜드박스는 매장 디자인 단계를 혁신적으로 바꿉니다.

브랜드박스는 매장 디자인을 할 때 템플릿을 제공해 시간과 비용을 줄여줍니다. 온라인 커머스 사이트를 제작할 수 있는 서비스 플랫폼에서 템플릿을 제공하는 것과 마찬가지로요. 브랜드박스는 오프라인 진출 목적을 판매Full shop, 쇼룸Show room, 가이드 숍Guide shop 등 3가지로 구분하고, 고객 동선, 행동 패턴 등을 고려해 각각에 적합한 '포맷'을 템플릿으로 디자인해 놓았죠. 매장의 구조가 되는 포맷을 고른 후엔 10여 개의 카테고리에서 매장의 분위기를 좌우하는 '테마'를 정합니다. 그러고 나서 각 브랜드에 맞게 세부적인 디자인을 하죠. 매장을 디자인하는 과정이 쉬워지고, 속도도 빨라집니다.

이후의 단계에서도 온라인 커머스 브랜드가 낯설어하거나 놓칠 수 있는 부분을 도와줍니다. 인테리어 공사를 할 때도 브랜드박스는 인테리어 작업의 모든 프로세스를 함께 관리합니다. 또한 매장이 완성되면 직원 선발, 제품 진열 등을 잘 할 수 있도록 지원해 주죠. 여기에다가 매장을 오픈한 후에는 매출 데이터 등을 관리할 수 있는 솔루션도 제공합니다. 온라인 커머스 브랜드가 오프라인 매장을 오픈할 때

겪는 어려움을 총체적으로 해결해 주면서, 피지컬 트랜스포메이션의 허들을 낮춰주는 거죠.

오프라인 공간도 고객을 알고 싶다 - 베타

'더 가볍게 오프라인으로 진출할 수는 없을까?'

퇴사준비생 이모씨는 온라인 커머스 브랜드 입장으로 더 깊이 들어가 봤습니다. 브랜드박스가 피지컬 트랜스포메이션의 허들을 낮춰주지만, 여전히 매장 하나를 통째로 사용해야 하는 건 부담이 될 거 같아서죠. 특히 제품군이 많지 않은 신생 브랜드라면, 오프라인으로 진출하고 싶어도 단독으로 매장을 구성하기가 벅찹니다. 이런 생각에 이르자, 불현듯 샌프란시스코를 여행할 때 찾아갔었던 '베타'가 떠올랐습니다.

'이 세상에서 새롭게 선보이는 것들을 확인해 보세요.
See what the world's creating'

전자 제품 편집매장인 베타의 슬로건입니다. 평범한

전자 제품이 아니라 크라우드 펀딩 등을 통해 갓 등장한 혁신적인 전자 제품을 진열하고 판매합니다. 얼리어답터의 발길을 사로잡는 오프라인 매장인 셈이죠. 그런데 웬일인지 이곳에서는 물건을 적극적으로 판매하지는 않습니다. 고객이 자유롭게 전자 제품을 이용할 수 있게 두고, 직원들도 고객이 제품을 사도록 유도하지 않죠. 베타가 오프라인 매장을 오픈한 목적이 다르기 때문입니다.

'발견을 위해 디자인된 리테일Retail designed for discovery'

베타의 미션입니다. 판매가 아니라 '발견'을 위한 매장을 추구한다는 목표를 가지고 있죠. 베타는 오프라인 공간이 미디어가 되는 흐름에 맞춰 오프라인 매장의 컨셉을 잡은 것입니다. 이 미션을 보고 퇴사준비생 이모씨는 의문이 들었습니다. 판매를 하지 않고 제품을 경험할 수 있게 하는 방식은 쇼룸과 크게 다르지 않다는 거죠. 하지만 베타를 조금 더 들여다보니, 비즈니스 모델에서 핵심적인 차이가 있었습니다.

'서비스로서의 리테일RaaS, Retail as a service'

베타 매장
©트래블코드

베타는 IT 업계에서 하나의 비즈니스 모델로 자리 잡은 'XaaS^Anything as a service' 모델을 리테일 업계에 최초로 도입했습니다. 참고로 XaaS는 IT 업계에서 보통 '서비스로서의 인프라^IaaS', '서비스로서의 플랫폼^PaaS', '서비스로서의 소프트웨어^SaaS' 등으로 쓰입니다. 베타가 서비스로서의 리테일 모델을 접목시킨 덕분에 온라인 커머스 브랜드들은 베타 매장의 진열 공간을 필요한 만큼 서비스로 이용할 수 있습니다. 시간과 비용을 들여 자체 매장을 열 필요가 없죠.

퇴사준비생 이모씨는 여기서 또 한번 의문이 듭니다. 이 비즈니스 모델은 '베스트바이' 등 유통업체의 숍인숍 모델이나 도쿄에서 봤던 피규어 중고 매장 '아스톱'처럼 매장의 공간을 쪼개서 임대하는 모델과 유사하다는 거죠. 그러나 스터디를 더 해보니, 판매에 따른 수수료를 따로 받지 않는 것뿐만 아니라 제공하는 서비스가 근본적으로 달랐습니다.

'데이터'

베타가 서비스를 이용하는 브랜드에게 제공하는 건 진열 공간만이 아닙니다. 제품에 대한 고객 데이터를 제공하는 거죠. 온라인에서처럼 고객이 클릭하면서 흔적을 남기는 것도 아닌데 어떻게 가능한 걸까요? 매장 내에 설치된 카메라로 제품에 관심을 갖는 고객의 연령대와 성별 등 인구통계학적 정보뿐만 아니라, 5초 이상 제품 앞에 머무른 고객 수, 직원이 제품 설명을 한 횟수, 제품에 대한 직원의 질문에 고객이 답한 코멘트, 고객이 아이패드를 통해 클릭한 정보 등 고객 행동에 기반한 내용도 데이터로 정리해서 공유해 줍니다. 물론 개인 정보는 보호하면서요.

베타 매장 내 설치된 카메라   ©b8ta

퇴사준비생 이모씨는 고객 데이터를 제공하는 것이 피지컬 트랜스포메이션을 돕는 중요한 요소라고 봤습니다. 매출로 이어지지 않더라도 데이터를 통해 오프라인 공간이 미디어로서 얼마나 제대로 기능했는지 알 수 있으니까요. 특히 고객과 제품 간 인터랙션이나 고객의 제품에 대한 코멘트 등은 온라인에서는 얻기 어려운, 오프라인 매장이기에 수집 가능한 데이터죠. 베타는 온라인 커머스의 전유물로 여겨졌던 고객 데이터를 오프라인 공간에서도 제공할 수 있다는 것을 보여주면서 오프라인 매장의 경쟁력을 끌어올

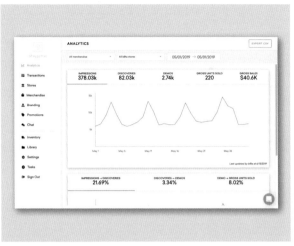

베타 데이터 대시보드 ©b8ta

립니다. 온라인 커머스 브랜드 입장에서도 효과를 명확하게 알 수 있으니, 불확실성이 줄어들어 오프라인으로 나올 가능성이 높아집니다.

베타는 이러한 차별적 경쟁력을 바탕으로 패션, 장난감 등으로 카테고리를 확장합니다. 패션의 경우는 '포럼'이라는 브랜드를 만들어서 2019년 말, LA에 매장을 열었죠. 장난감의 경우는 파산했던 '토이저러스'의 지적재산권을 인수한 '트루키즈'와 베타가 조인트벤처를 설립하여 2019년 말, 뉴저지에 토이저러스의 브랜드로 매장을 오픈했습니다.

이 두 매장 역시 베타와 마찬가지로 고객 데이터를 수집하는 것이 핵심입니다. 데이터를 수집할 수 있는 인프라 덕분에 고객이 물건을 사지 않더라도 미디어이자 테스트베드로서 오프라인 매장이 제 역할을 할 수 있는 거죠.

오프라인 공간도 온라인처럼 구현한다 – 아마존 북스

'운영 난이도를 낮출 수 있는 방법은 없을까?'

퇴사준비생 이모씨는 피지컬 트랜스포메이션의 허들을 낮추는 또 다른 방법을 고민해 봤습니다. 결국 온라인 커머스 브랜드가 오프라인으로 쉽게 진출하려면 준비, 운영, 성과 등 3가지 영역의 결괏값이 바뀌어야 합니다. ① 오프라인 진출을 준비하는 비용을 절약해 주거나, ② 오프라인 매장을 운영하는 난이도를 낮춰주거나, ③ 오프라인 매장을 열었을 때의 효과를 높여주어야 하는 거죠. 그는 브랜드박스가 매장 템플릿으로 ①의 부담을, 베타가 고객 데이터로 ③의 고민을 덜어주었다면 ②의 이슈를 해결하는 방법도 있을 거라 생각했죠. 그래서 힌트가 될 만한 사례를 찾다가 이번에는 LA에서 방문했었던 '아마존 북스'가 떠올랐습니다.

그는 서점을 좋아해서 어느 도시에 가건 대표적인 서점을 찾아다니는데, LA를 갔을 때도 마찬가지였습니다. '반스 앤 노블'과 같은 대형 서점은 물론이고, '라스트 북 스토어' 등 독립 서점도 찾아갔죠. 그중엔 아마존 북스도 포함되어 있었습니다. 오프라인 서점을 위기에 빠뜨린 아마존이 역설적이게도 오프라인에 연 서점이죠. 이곳을 방문했을 때, 그동안 여러 도시에서 봤던 오프라인 서점의 진화와 다른 방향의 진화를 목격합니다.

오프라인 서점의 존재감과 가치를 증명해 온 '츠타야'를 비롯해 대부분의 서점들은 오프라인 서점의 진화에서 큐레이션을 강조합니다. 큐레이터들이 기획한 테마에 맞춰 혹은 고객들이 책을 읽고 싶어 하는 맥락에 맞게, 그에 어울리는 책을 추천해 주는 역량이 핵심이라는 거죠. 사람들은 우연한 발견을 하거나 책방의 분위기를 느끼러 오프라인 서점을 찾는데, 큐레이터의 추천이 우연성과 현장감을 좌우하니까요. 그럼에도 불구하고 서점을 비즈니스로만 본다면 큐레이터는 딜레마일 수 있습니다. 서점을 차별화하는 요소이지만, 한편으로는 개성과 대중성 사이에서 균형을 잡을 줄 아는 큐레이터를 찾기가 어렵기도 해서죠.

아마존 북스에서는 이런 고민을 할 필요가 없습니다.

아마존 북스 진열대   ©트래블코드

큐레이터가 아니라 아마존의 데이터를 활용해 책을 추천하고 진열하기 때문입니다. 우선 아마존 북스에서 파는 모든 책은 고객 평점이 4점 이상입니다. 고객의 평가로 1차 스크리닝을 한 거죠. 여기에다가 세부 큐레이션도 데이터를 바탕으로 합니다. '10,000개 이상의 리뷰가 있는 책', '킨들에서 독자들이 3일 안에 완독한 책', '당신이 이 책을 좋아한다면 좋아할 법한 책' 등 미국 전역 데이터 기반의 추천은 물론이고, 'LA 지역에서 가장 인기 있는 소설'과 같이 지역 데이터를 반영해 책을 추천하기도 합니다. 그뿐 아니라 책을 추천할 때 온라인 서점의 리뷰 중 가장 임팩트 있는 내용을 적어둔다거나, 90% 이상의 리뷰어가 5점 만점을 줬다는 식의 설명을 덧붙입니다. 데이터가 없다면 엄두도 못 낼 방식이죠.

아마존 북스처럼 데이터를 활용하니 오프라인 서점의 운영이 한결 수월해집니다. 오프라인에 맞게 조직 구조나 핵심 역량을 바꿀 필요 없이 온라인 서점의 판매 방식을 오프라인으로 옮기기만 하면 되니까요. 아마존은 서점에만 이러한 방식을 도입한 게 아닙니다. 책 말고도 가전제품, 장난감, 생활용품 등 다양한 카테고리를 다루는 편집 매장인 '아마존 4스타' 매장을 뉴욕에 오픈했죠. 이곳에서도 아마존 북스와 마찬가지로 고객 평점이 4점 이상인 제품만 판매합니다. 세부 큐레이션 방식도 유사하죠. '뉴욕에서 유행하는 제품' 등 아마존의 데이터를 반영해 추천하는 식입니다. 그래서 이 매장 또한 편집숍에 필요한 핵심 인력인 MD[Merchandiser]와 핵심 역량 중 하나인 VMD[Visual merchandising]가 없어도 운영이 가능합니다.

물론 운영 난이도가 낮다는 이유로 아마존이 오프라

인 영역으로 확장하는 건 아닙니다. 아마존은 유기농 식품 매장인 '홀푸즈'를 인수하고, 무인 매장인 '아마존 고'를 론칭하는 등 아마존 북스, 아마존 4스타 등과 운영 방식이 다른 오프라인 매장도 보유하고 있죠. 클릭 앤 콜렉트 모델 도입, 배송 및 반품 거점 확보, 오프라인 고객 데이터 수집 등 전략적 목적으로 오프라인 진출을 하는 것입니다.

아마존이 운영하는 다양한 형태의 오프라인 매장에서 오프라인 비즈니스의 여러 가능성을 엿볼 수 있지만, 이 중에서도 아마존 북스와 아마존 4스타 매장에서는 운영 난이도를 낮추는 단서를 찾을 수 있는 거죠. 아마존처럼 온라인의 데이터를 활용하면 오프라인 매장에 대한 운영 난이도를 낮추면서 동시에 차별적 경쟁력을 끌어올릴 수 있으니, 온라인 커머스 브랜드가 오프라인으로 진출할 이유가 더 탄탄해집니다.

퇴사준비생 이모씨는 브랜드박스, 베타, 아마존 북스 등의 사례를 보며, 오프라인 매장도 점점 온라인 커머스의 장점을 흡수하면서 진화하고 있다는 생각이 들었습니다. 미디어로 기능을 확장할 뿐만 아니라 기술을 도입해 오프라인 매장의 경쟁력을 업그레이드시키는 거죠. 오프라인 비즈니스가 생존하고 성장하기 위해서 필요한 과정이지만, 한편으로는 이런 의문도 생겼습니다. 오프라인 비즈니스의 진화를 엿볼 수 있는 다양한 조짐과 징후는 흥미롭지만, 여러 상황을 고려했을 때 대부분의 작은 오프라인 비즈니스는 선도적인 시도를 따라가기 쉽지 않다는 거죠. 그래서 그는 지금까지 스터디했던 내용을 되짚어 보면서, 오프라인 비즈니스의 미래에 대해 정리해 보기로 합니다.

'자본력이나 기술력이 없는 오프라인 비즈니스는 어떻게 되는 걸까요?'

10
오프라인 비즈니스를 살리는 상상력의 힘

◆

문득 짜장면 가게를 운영했던 시절이 떠올랐습니다. 지금까지 스터디한 내용을 그때 알았더라면 어땠을까라는 생각이든 거죠. 퇴사준비생 이모씨는 그때로 다시 돌아간다 하더라도 상황은 크게 달라지지 않을 거라 봤습니다. 스터디를 해서 오프라인 비즈니스의 미래에 대한 흐름을 이해할 수는 있었지만, 어떻게 적용해야 할지를 몰랐기 때문이죠. 오프라인 비즈니스가 만들어가는 방향성은 분명해 보이나 자본력과 기술력이 없는 작은 오프라인 매장에서는 멀게만 느껴졌습니다. 그는 작은 오프라인 매장에도 도움이 될 수 있는 방법을 찾고 싶었습니다.

뾰족한 수가 떠오르지 않았습니다. 그는 답답한 마음을 정갈하게 하고자, 그동안 스터디했던 자료로 너저분해진 책상과 책장을 정리하기 시작했죠. 책상 위에 쌓여 있던 책을 책장으로 옮기다가 책장에 꽂혀 있던 노란색 책에 눈길이 멈췄습니다. LA에 출장 갔을 때 '반스 앤 노블'에서 산 'Alchemy^{번역서 제목은 『잘 팔리는 마법은 어떻게 일어날까?』}'라는 제목의 책이었죠. 행동 경제학을 마케팅의 관점으로 풀어낸 내용인데, 세계적인 광고 회사 '오길비'의 크리에이티브 디렉터 '로리 서덜랜드'가 쓴 책이라 묻지도 따지지도 않고 구매했던 책입니다. 퇴사준비생 이모씨는 10여 년 전에 TED에서 '광고쟁이의 인생 교훈'이라는 영상을 본 이후 그의 팬이 되었으니까요. 그리고 책장에서 Alchemy를 본 순간 로리 서덜랜드가 광고쟁이의 인생 교훈에서 설명했던 사례가 머릿속에 스쳤습니다.

"런던에서 파리까지 가는 기차 여행을 어떻게 하면 더 나은 여정으로 만들 수 있을까요?"

약 25여 년 전에 런던에서 파리까지 가는 여행의 가치를 높이기 위해 화두가 되었던 질문입니다. 이에 대해 엔

지니어들이 답을 내놓았죠. 60억 파운드약 9조원를 들여서 런던에서 도버 해협까지의 선로를 새로 짓자는 거였습니다. 3시간 반 정도 걸리던 여행 시간을 40분 단축할 수 있으니 여행이 더 편리해지지 않겠냐는 설명이었죠. 이 답변에 대해 로리 서덜랜드는 의문을 답니다. 공학적으로는 맞는 이야기지만 여행 시간을 단축시키는 건 상상력이 부족한 접근이라고요. 그리고 순진한 답이라는 전제를 깐 후에 나름의 답을 제시합니다.

"남녀를 불문하고 전 세계 톱모델을 섭외해, 그들이 기차 안을 돌아다니면서 여행 내내 비싼 샴페인을 공짜로 따라주면 되지 않을까요?"

여행하는 시간을 줄이는 대신 여행하는 시간을 즐겁게 해도 여행의 가치가 올라갈 것이라는 설명입니다. 이런 방식이라면 60억 파운드의 절반으로도 런던에서 파리까지의 기차 여행을 더 나은 여정으로 만들 수 있고, 오히려 승객들이 기차가 더 천천히 가기를 바랄지도 모른다는 농담도 덧붙입니다. 대단한 기술이나 대규모 투자가 아니라 인지된 가치만 바꿀 수 있어도 고객 경험이 달라질 수 있음을 위트 있게 풀어낸 거죠. 그가 소개했던 이 사례는 실제로 구현되진 않았지만, 그래도 그의 접근은 의미가 있습니다. 문제 해결을 할 때 자본력이나 기술력만큼 상상력도 힘이 세다는 것을 알려줬으니까요.

　　퇴사준비생 이모씨는 여기서 힌트를 얻어 상상력과 기획력으로 오프라인 비즈니스의 미래를 열어가는 곳들을 찾아보기로 합니다. 그리고는 도쿄를 여행할 때의 사진첩을 뒤적였습니다. 도쿄에서 기발한 아이디어로 승부하는 매장들을 유독 많이 봤던 기억이 있어서죠. 그러다 오프라인이 미디어로 진화하는 흐름을 반영하는 곳들을 사진첩에서 발견합니다. 물론 자본력이나 기술력보다 상상력과 기획력이 돋보이는 곳으로요.

고객의 발길을 이끄는 수익 모델의 힘 – 시루 카페

퇴사준비생 이모씨의 눈에 가장 먼저 들어온 곳은 '시루 카페'입니다. 그는 이곳을 오프라인이 미디어로 진화하는 흐름에서 빼놓을 수 없는 사례라 생각했죠.

　　시루 카페는 커피를 공짜로 주는 카페입니다. 카페 이용 시간에도 제한이 없습니다. 단 조건이 있습니다. 학생증을 가진 30세 미만의 대학생, 대학원생만 출입이 가능합니

시루 카페

다. 여기에다가 한가지 제약이 더 있죠. 일본의 상위권 대학 앞에만 매장이 있어 그 학교 학생들만 들어갈 수 있습니다. 학생들을 위한 자선 단체가 아니라면 돈을 벌어야 할 텐데, 커피값은 누가 내는 걸까요? 바로 기업들이 냅니다. 아마존, 마이크로소프트, JP모건 등 글로벌 기업은 물론이고, 라쿠텐, 소프트뱅크, 니케이 등 일본을 대표하는 기업들이 고객들이 공짜로 마시는 커피값을 내는 거죠.

도대체 기업은 왜 커피값을 대신 낼까요? 예상 가능하듯 기업 광고를 할 수 있어서입니다. 그렇다고 시루 카페 내부에 후원 기업의 로고를 덕지덕지 붙여 두는 건 아닙니다. 시루 카페 내부는 밋밋할 정도로 깔끔하죠. 아무리 카페에서 공짜 커피를 마시며 시간을 보낼 수 있다 해도 학생들이 광고로 뒤덮인 곳을 좋아할 리 없으니까요. 후원 기업의 로고는 내부에 설치한 여러 대의 모니터에서 노출하거나 일회용 컵 슬리브에 인쇄하는 정도입니다. 기업들은 이곳에 광고를 하기 위해 연간 140만엔^{약 1500만원} 정도를 냅니다.

퇴사준비생 이모씨는 계산을 해봤습니다. 광고비로 1500만원가량을 지불하는 것이 합리적인지에 대한 의문이 든 거죠. 시루 카페에는 일평균 250명, 연간으로 환산하면 9만 명 정도가 방문합니다. 1500만원을 9만 명으로 나누면

1인당 167원의 광고비가 드는 셈이죠. 온라인에서는 더 낮은 비용으로도 기업 브랜드를 노출할 수 있으니, 이 정도 수준이면 비싸다고 볼 수 있습니다. 하지만 광고비가 아니라 인재채용비로 바라보면 상황이 달라집니다.

대기업은 인재 한 명을 채용할 때 평균적으로 수백만 원을 쓰고, 채용 규모에 따라 매년 수억에서 수십억을 지출합니다. 이 규모에 비하면 시루 카페에 내는 1인당 167원의 스폰서십 비용은 작지만 효과가 큽니다. 불특정 다수가 아닌 상위권 대학 학생에게만 기업을 알리고, 리쿠르팅 시즌에는 시루 카페를 대관해 채용 기회를 가질 수 있기 때문이죠. 여기에다가 또 하나의 보이지 않는 효과가 있습니다. 시루 카페는 1개 매장당 60개 정도로 후원사의 수를 제한합니다. 쟁쟁한 기업들이 후원을 하고 있으니, 그들과 함께 나열된다면 일류 기업의 이미지를 강화할 수 있고 학생들이 입사하고 싶은 회사로 포지셔닝할 수 있는 거죠.

시루 카페는 카페를 미디어로 봤기에 가능한 모델입니다. 공간에 유도할 수 있는 트래픽은 제한적이니 트래픽의 양보다 질에 초점을 맞추고, 합리적인 수준에서 광고비를 높이기 위해 단순 노출 대신 인재 채용에 목적을 둔 거죠. 퇴사준비생 이모씨는 시루 카페가 시간이 지나도 변치

시루 카페 내 후원 기업의 로고를 보여주는 모니터   ©트래블코드

앓을 클래식과 같은 사례라는 생각이 들었습니다. 자본력이나 기술력 없이 관점의 변화만으로 오프라인 공간을 미디어로 만들었으니까요.

구매를 자극하는 접객의 정석 - 써니힐즈

퇴사준비생 이모씨는 시루 카페와 유사하면서도 다른 모델을 찾고 싶었습니다. 그래서 사진첩을 더 뒤적이다 도쿄에서 방문했던 또 다른 매장에서 스크롤을 멈췄습니다. '써니힐즈'라는 곳이었죠. 써니힐즈는 대만의 국민과자로 불리는 디저트 '펑리수'를 만드는 브랜드입니다. 타이베이에서 시작해서 도쿄에까지 진출했는데, 퇴사준비생 이모씨가 도쿄에

써니힐즈 매장

©트래블코드

있는 매장을 방문했던 거죠.

써니힐즈 매장에 가면 펑리수를 구매하지 않아도 펑리수를 먹을 수 있습니다. 공짜로 주니까요. 심지어 차도 함께 내어줍니다. 해피 아워처럼 일정 시간만 그러는 게 아니라 언제 방문하더라도 무료로 제공하죠. 일종의 시식 매장인 셈입니다. 시식이라고 해서 펑리수의 일부만 잘라주거나 작은 종이컵에 음료를 주는 것도 아닙니다. 온전한 펑리수 하나를 우롱차 한 잔과 함께 정성스럽게 대접하죠. 그렇다면 시식이니까 서서 먹느냐, 그렇지도 않습니다. 모든 손님에게 자리를 안내하고, 매장도 고급스럽게 꾸며 놓았죠. 당연히 고급스러운 매장에서 펑리수와 우롱차를 공짜로 먹을 수 있으니 손님 입장에서는 좋습니다. 그렇다면 써니힐즈는 어떻게 돈을 버는 걸까요?

매장 나가는 길에 써니힐즈의 펑리수를 팝니다. 당연히 사는 걸 조건으로 시식하는 게 아니기 때문에 펑리수를 구매하지 않고 그냥 나가도 괜찮습니다. 그럼에도 불구하고 대부분의 손님들이 펑리수를 사 갑니다. 손에 수령주렁 사 들고 나가는 손님들도 많죠. 매장에서 제품을 노출시킬 뿐만 아니라 펑리수를 직접 맛볼 수 있도록 했기에 가능한 일입니다. 물론 오프라인 매장이 미디어의 역할을 하기 이전

써니힐즈 펑리수와 우롱차 ©SunnyHills

에 몇 가지 전제가 바탕에 깔려 있어야 성립 가능한 방식이
기도 합니다.

첫째, 써니힐즈는 펑리수 맛에 대한 자신감이 있습니
다. 보통의 업체들과 달리 파인애플 향을 첨가하는 게 아니
라 100% 파인애플로 만들죠. 그래서 파인애플 필링에 섬
유질이 살아있습니다. 또한 계절마다 펑리수 맛이 미세하
게 다릅니다. 파인애플이 여름에는 더 달고 겨울에는 약간
신맛이 나는데, 이걸 가공하지 않고 그대로 반영했기 때문
입니다.

둘째, 심리학적으로 '상호성의 원칙'이 작동합니다. 사람이 호의를 입으면 마음의 빚을 지게 되고, 그 빚을 갚아야 한다는 심리적 압박이 생기는 현상이 상호성의 원칙입니다. 펑리수와 차를 공짜로 대접받았으니까 나가는 길에 펑리수를 사서 보답해야 할 것만 같은 기분이 드는 거죠. 게다가 이곳에 온 손님들은 지나가다 들른 게 아니라, 애초에 펑리수에 관심이 있어서 온 사람들이라 구매할 가능성이 더욱 높아집니다.

셋째, 펑리수를 낱개 단위로는 판매하지 않습니다. 10개입, 16개입 등 세트로만 판매하죠. 펑리수 1개를 공짜로 주고 10개 이상을 판매하는 거니까 매출의 10%가량을 할인해 준 셈입니다. 이익률이 줄어든 걸로 볼 수도 있지만, 꼭 그렇지만은 않습니다. 모객을 하려면 마케팅비를 써야 하는데, 이때 매출의 10% 정도를 광고비로 집행하는 대신에 펑리수를 공짜로 나눠주는 걸 택한 거죠. 이렇게 하니 광고를 하지 않아도 손님들이 줄을 섭니다.

퇴사준비생 이모씨는 써니힐즈 매장이 또 다른 형태의 미디어라는 생각이 들었습니다. 매장에서 제품을 공짜로 맛보게 하면서 브랜드를 알리는 동시에, 현장에서 바로 구매로 연결시키기 때문이죠. 특히 카메라를 설치해 데이터 분석 등을 하지 않아도 그날 제공한 펑리수 개수를 세면 얼마나 많은 사람이 왔다 갔는지 알 수 있다는 것과, 대단한 장치가 없어도 시식으로 나간 펑리수 개수와 팔린 펑리수 개수를 비교해보면 구매 전환율을 측정할 수 있는 점이 인상적이었죠. 이런 방식으로 미디어로서의 효과를 측정할 수 있다면 기술력이 없는 작은 오프라인 매장에서도 응용이 가능하니까요.

콘텐츠 없이 콘텐츠를 만드는 편집의 기술 - 아스톱

퇴사준비생 이모씨는 여전히 갈증을 느꼈습니다. 시루 카페와 써니힐즈는 기술력이나 자본력 없이도 오프라인을 미디어로 만든 흥미로운 사례였죠. 하지만 두 매장 모두 미디어로서 시간을 붙잡는 힘이 있진 않았습니다. 콘텐츠가 아니라 공짜를 내세워 사람들의 발길을 모았기 때문이죠. 그래서 그는 다양한 콘텐츠를 가지고 오프라인 공간을 채널화하면서 고객의 시간 점유율을 높인 곳을 찾아보고 싶었습니다. 게다가 7화와 8화에서 소개했던 오프라인의 채널화는 부동산 디벨로퍼처럼 자본력이 있는 곳들이 시도한 영역이기에 작은 오프라인 매장도 채널화를 추구할 수 있는지가 궁금했죠. 이런 생각으로 사진첩을 훑어보다가 '아스톱'

매장에서 찍은 사진에서 스크롤을 멈춥니다.

아스톱은 중고 피규어 편집숍입니다. 250평 정도 규모의 매장에 1000여 개의 투명 큐브가 열을 지어 있고, 그 안에 다양한 종류의 피규어가 빽빽하게 진열되어 있죠. 고객 입장에서야 선택지가 늘어나니 환영할만한 일입니다. 하지만 운영하는 매장 입장에서는 이 방대한 수의 피규어를 사입해서 재고로 쌓아두고 판매하려면 초기 투자비를 감당하기가 쉽지 않습니다. 제품군의 특성상 피규어는 가격대가 높고, 회전율이 빠르지 않기 때문이죠. 게다가 중고 피규어를 사입하기 위해서는 MD가 피규어를 일일이 선정하고 피규어가 멀쩡한지 검수해야 하는데, 이 과정에서 드는 시간과 비용 또한 만만치 않습니다. 그렇다면 아스톱은 자본력을 갖춘 대기업도 아니면서, 어떻게 중고 피규어 편집숍을 피규어로 가득 채웠을까요?

아스톱은 비즈니스 모델을 바꿔서 이 문제를 해결했습니다. 피규어를 사입해서 유통하는 것이 아니라, 중고 피규어를 팔고 싶은 사람들에게 규브를 임내해 주고 그들이 직접 판매할 수 있게 한 거죠. 마치 부동산 디벨로퍼가 상업 시설을 개발해서 매장을 임대하는 것처럼요. 여기에다가 큰 틀에서 피규어라면, 큐브를 어떻게 채우든 아무런 제한

아스톱 ⓒ트래블코드

을 두지 않습니다. 큐브 임차인들은 판매를 할 수 있는 공간뿐만 아니라 각자의 스타일대로 큐브를 구축할 권리를 사는 거죠.

피규어를 사랑하고 나름의 세계관이 있는 사람들이 큐브를 빌리기 때문에 큐브 하나하나에 볼거리가 생깁니다. 그래서 피규어 매니아라면 큐브 사이사이를 시간 가는 줄 모르고 돌아다닐 수 있죠. 7화에서 소개했던 유현준 교수의 '거리의 매장 수와 고객 경험의 상관관계'에 따르면 2의 1000승이라는 경우의 수가 생기는 거고, 그만큼 고객이 아

아스톱 내 피규어 큐브

스톱에서 다채로운 재미를 느낄 확률이 높아집니다.

　　그뿐 아니라 아스톱의 판매 방식도 고객이 시간을 잊어버리게 하는 요소입니다. 우선 이곳에서는 기본적으로 손님을 방임합니다. 구매를 위해 큐브에서 제품을 꺼내 달라고 하기 전까지는 손님을 응대하지 않죠. 또한 의도적으로 제품 분류나 색인을 하지 않음으로씨, 손님들이 큐브 사이에서 길을 잃고 헤매길 유도합니다. 목적성 없이 돌아다닐 때 뜻밖의 발견을 할 수 있으니까요. 그렇다고 불편함만 남겨둔 건 아닙니다. 아스톱은 온라인 사이트도 있는데, 오프

아스톱 온라인 사이트 　　　　　　　　　　　　　　　 ⓒ아스톱

라인 매장과는 다르게 운영합니다.

　　카테고리 분류는 기본이고, 캐릭터 이름, 해당 캐릭터가 나온 애니메이션, 게임, 만화책 등의 제목으로도 색인되어 있어 검색을 편리하게 할 수 있습니다. 검색한 제품의 큐브 넘버까지 알려주고, 검색에 기반해 연관 추천 상품도 보여줍니다. 온오프라인 간에 연계가 잘 되어 있어, 매장 내에서 스마트폰으로 검색하며 원하는 상품의 위치를 찾는 사람들을 어렵지 않게 찾을 수 있을 정도입니다.

　　이처럼 온라인 사이트를 체계적으로 구축했지만 온라인에서는 구매를 할 수 없습니다. 온라인 사이트를 오프라인 매장으로의 방문을 유도하는 일종의 쇼룸으로 활용하는 셈이죠. 오프라인을 쇼룸으로 활용하는 보통의 유통 업체와 반대 방향의 행보입니다. 물론 온라인에서 판매하지 않는 건 매출의 큰 부분을 포기하는 선택입니다. 그럼에도 불구하고 아스톱은 변형 및 파손에 민감한 피규어 중고 판매의 특성과 발견과 수집에 대한 욕구가 강한 피규어 매니아들의 성향을 이해하고 있기에, 온라인 구매 기능을 없애고 오프라인 매장에서의 판매에 집중합니다.

　　퇴사준비생 이모씨는 아스톱이 오프라인 매장의 채널화를 또 다른 방법으로 구현한 사례라는 생각이 들었습니다. 각각의 큐브가 하나의 콘텐츠이고, 그런 큐브가 한 공간에 1000개나 꾸며져 있어 피규어 매니아들의 시간을 점유하니까요. 부동산 디벨로퍼가 상업 시설을 개발해 매장을 임대하는 방식을 큰 자본 없이 작은 오프라인 매장에 응용한 사례로 볼 수 있는 거죠.

공간이 시간을 이기는 방법

도쿄에서 찍은 사진들을 보나 보니 퇴사준비생 이모씨는 도쿄 출장의 마지막 날이 생각났습니다. 출장 일정을 마무리하는 밤인 만큼 독특한 곳에서 자고 싶었죠. 그래서 '하나레' 호텔을 찾아갔습니다. 하나레 호텔은 '온 마을을 호

하나레 호텔 리셉션

©트래블코드

텔로 만든다'라는 컨셉을 가진 호텔입니다. 소유가 아니라 연결을 통해서죠. 숙박 시설만 자체적으로 운영하고, 부대 시설은 동네의 식당, 헬스장, 세탁소, 목욕탕 등과 연계해서 갖추었습니다. 최소한의 자본으로 풀옵션의 호텔을 만든 셈입니다.

하나레 호텔의 리셉션은 '하기소'라는 건물의 2층에 위치해 있는데, 이 하기소 건물의 스토리가 흥미롭습니다. 원래 이곳은 하숙집이었죠. 하지만 건물이 낡고 오래되어 하숙하는 학생들이 줄어들자 집주인은 건물을 철거하고 다시 짓기로 합니다. 당시에 도쿄 예술대학을 다니던 '미야자키 미츠요시'는 이 소식을 듣고, 자신이 하숙하던 공간이 없어지는 것이 아쉬웠습니다. 그래서 집주인에게 건물을 부수기 전에 '건물의 장례식'을 열자는 제안을 하죠. 건물의 마지막도 기념할 겸, 대학생의 열정도 응원할 겸 집주인은 그의 요청을 들어줍니다.

건물의 장례식이자 아트 전시회인 '하기엔날레'는 이 건물의 운명을 바꾸어 놓았습니다. 건물의 마지막을 기념하는 이벤트였지만, 전시 기간 동안 뜻밖의 호응이 있자 집주인이 건물을 철거하기로 한 결정을 철회한 거죠. 오래된 건물이 아니라 뒤처진 방식이 문제라는 걸 깨달았기 때문입니

하기소 1층 전시장   ©트래블코드

다. 집주인은 건물의 가치를 새롭게 하고자 리모델링을 하기로 하고, 건물의 장례식을 기획했던 미야자키 미츠요시에게 일을 맡깁니다. 프로젝트를 맡은 그는 하숙집 건물을 부수지 않고, 온 마을을 호텔로 만든다는 상상력으로 하기소로 재탄생시켰죠.

하기소 1층에는 조식을 먹거나 커피를 마실 수 있는 카페와 전시장이 있는데, 전시장에는 세월의 흔적을 간직하려는 고민의 흔적이 담겨 있었습니다. 하기소가 있기 전의 히스토리뿐만 아니라 하기소를 연 후 진행했던 다양한 이벤트와 마일스톤을 벽면을 따라서 이미지와 함께 촘촘하게

하기소 1층 전시장   ©트래블코드

기록해 두었죠. 그런데 이 기록의 중간중간에 눈에 띄는 숫자가 있었습니다. 0/58, 1/59, 2/60 등 분수가 표시되어 있었죠. 등차수열처럼 연관성이 있는 듯 보였지만, 어떤 의미인지를 알기는 어려웠습니다. 그렇다고 아무 숫자나 기록해 둔 건 아닌 거 같아, 퇴사준비생 이모씨는 직원에게 물어봅니다.

"분모는 이 건물의 나이고, 분자는 하기소의 나이입니다."

건물을 구성하는 요소를 구분한 것이죠. 형태적인 측면과 운영적인 측면으로 나누어, 건축물로서의 역사와 재생 공간으로서의 변화를 동시에 표현한 방식입니다. 사진첩을 보다가 퇴사준비생 이모씨의 머릿속에 하기소가 갑자기 떠오른 건 도쿄 출장 마지막 날의 기억이 새록거려서이기도 하지만, 그보다 하드웨어와 소프트웨어를 구분하는 하기소의 접근이 오프라인 비즈니스의 미래를 바라보는 관점과도 일맥상통한다는 생각이 들어서입니다.

하기소가 있기 전에 이 건물에는 하숙집이 있었습니다. 하숙집은 시간을 이기지 못하고 사라졌죠. 하지만 그 공간이 온 마을을 호텔로 만들겠다는 상상력 덕분에 하기소로 이어졌습니다. 오프라인 비즈니스도 마찬가지입니다. 어떤 브랜드, 어떤 매장, 어떤 업종은 경쟁력을 잃고 사라질 수 있겠지만, 누군가의 상상력이 그 빈자리를 새롭게 채워나갈 것입니다. 우리가 존재하는 이상, 우리에게 주어진 '시간'을 보내고 '인간'적인 교감을 하려면 결국 오프라인 '공간'이 필요하니까요.

퇴사준비생 이모씨는 오프라인 비즈니스의 미래를 스터디했던 여정을 되돌아봤습니다. 고민과 준비 없이 원조 짜장면 가게를 카피해 매장을 열었다가 망한 게 출발점이었죠. 그리고는 실패 경험을 바탕으로 책을 쓰고 강연도 하면서 그의 시행착오를 남들은 겪지 않을 수 있도록 돕기로 마음먹었습니다. 오프라인 비즈니스의 미래에 대한 스터디를 시작한 후, 그는 뉴욕, 런던, 파리, 도쿄, 상하이 등 트렌드를 이끄는 도시에서 벌어지고 있는 다양한 조짐과 징후들을 취재하고 벤치마킹하며 오프라인 비즈니스의 전반적인 흐름을 이해했죠.

열심히 스터디했지만, 이걸로 만족할 수 없었습니다. 그처럼 퇴사를 하고 비즈니스를 작게 시작하는 사람들을 위해 자본력이나 기술력이 아니라 상상력과 기획력으로 승부한 사례를 더 스터디해보고 싶다는 생각이 들었죠. 퇴사는 사표를 낼 수 있는 용기가 충만할 때 하는 게 아니라 사표를 낸 후에도 독립적으로 경제 활동을 할 수 있을 만큼 실력을 키웠을 때 해야 한다는 걸 스스로의 경험으로 뼈저리게 느꼈기 때문입니다. 그래서 퇴사를 고민하면서 미래를 준비하는 사람들을 위한 콘텐츠를 기획하고, 차별적인 컨셉, 틀을 깨는 비즈니스 모델, 번뜩이는 운영 방식 등을 곳곳에서 벤치마킹할 수 있는 도쿄로 다시 떠나기로 합니다. 『퇴사준비생의 도쿄』라는 책을 쓰기 위해서 말이죠.

에필로그

10화에 걸친 오프라인의 모험이 끝났습니다. 그러나 10화 마지막에 퇴사준비생 이모씨가 『퇴사준비생의 도쿄』를 쓰기 위해 도쿄로 떠났으니, 어쩌면 오프라인을 모험하는 여정은 이제부터가 진짜 시작인지도 모릅니다. 본격적인 모험에서 방향과 중심을 잃지 않도록, 그동안 오프라인 비즈니스의 속성과 진화에 대해 고민했던 내용을 핵심만 되짚어 보겠습니다.

오프라인 비즈니스에서 중요하게 고려해야 할 요소 중 하나는 임대료입니다. 수익성에 영향을 미치는 핵심 지표 중 하나이기 때문이죠. 그런데 임대료는 경향이 있습니다. 유동인구와 밀접한 상관관계가 있어서 중심지에서의 거리가 멀어질수록 낮아지죠. 그래서 중심지로부터의 거리에

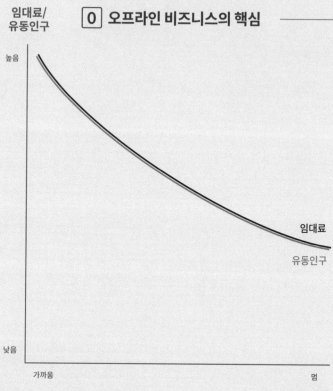

임대료/
유동인구

0 오프라인 비즈니스의 핵심

높음

임대료

유동인구

낮음

가까움   멈

**중심에서의
거리**

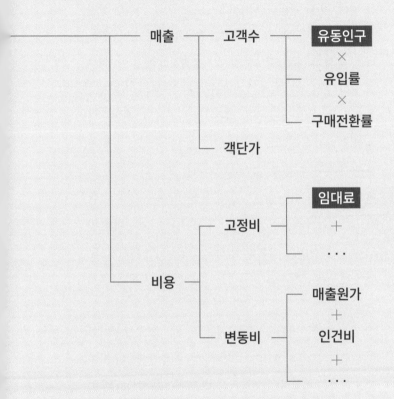

따른 임대료 수준을 그래프로 그리면 유동인구 수의 그래프와 모양이 유사합니다. 별거 아닌 것 같아도, 이 두 그래프를 눈여겨봐야 합니다. 임대료와 유동인구 수 사이의 상관관계에 오프라인 비즈니스 진화의 원리가 담겨 있으니까요.

우선 유동인구와 임대료의 상관관계가 왜 중요한지부터 알아야 합니다. 원래 오프라인 비즈니스에는 어느 정도 공식이 있었어요. 오프라인 비즈니스의 수익은 '매출 − 비용'인데, 매출을 심플하게만 보자면 '고객수'에 '객단가'를 곱한 값으로 볼 수 있죠. 그리고 고객수를 조금 더 파헤쳐 보면 '거리에 지나가는 유동인구' x '유동인구 중 매장으로 들어오는 사람의 비율인 유입률' x '유입된 사람 중 구매를 한 고객의 비율인 구매전환률'의 함수로 구성되어 있어요. 그래서 매출은 고객수를 좌우하는 유동인구의 영향을 크게 받습니다.

이번에는 비용을 살펴볼게요. 비용은 크게 고정비와 변동비로 나눌 수 있는데, 고정비는 매출이 발생하건 하지 않건 나가는 비용이고, 변동비는 매출에 따라 발생하는 비용이에요. 매출과 관계없이 나가는 비용이기 때문에 고정비를 최소화하는 게 중요한데, 고정비의 핵심을 이루고 있는 비용이 바로 임대료입니다. 인건비도 일부는 고정비적인 성격을 가지고 있지만, 여기서는 이해를 돕기 위해 변동비에 포함하겠습니다. 결국 오프라인 비즈니스를 할 때 손님이 없어도 감당해야 할 비용이 임대료니까 수익에 큰 영향을 미치겠죠.

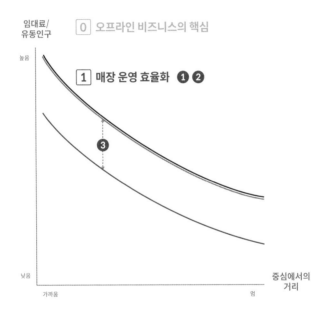

매출을 좌우하는 요소인 객단가, 유입률, 구매전환율 그리고 비용을 구성하는 매출원가, 인건비 등은 업종별로 대략적인 평균값이 있으니까, 오프라인 비즈니스를 시작할

때 유동인구와 임대료 간의 상관관계만 잘 조절하면 수익을 낼 수 있었어요. 이런 상황에서 오프라인 비즈니스를 더 잘하려면 어떻게 해야 할까요? 매장의 운영 효율화를 해야 합니다. 회전율을 높여서 고객수를 늘리고, 매출 원가나 인건비 등의 비용을 줄이면 수익을 개선할 수 있는 여지가 생기는 거죠. 이러한 내용이 1화와 2화에 담겨있어요.

그런데 이 오프라인 비즈니스 공식에 금이 가기 시작합니다. 온라인 커머스와 음식 배달 시장 등이 급격히 성장하고, 디지털 콘텐츠 소비가 늘어나는 등 소비 트렌드가 바뀌면서 오프라인으로 쇼핑을 하러 나오는 사람들의 수가 줄어들었어요. 임대료는 떨어질 기미가 보이지 않는데, 유동인구 수만 줄어들게 된 거죠. 과거와 달리 유동인구 수와 임대료 사이의 상관관계가 벌어집니다. 오프라인 비즈니스의 위기가 시작된 거죠. 이러한 상황 변화에 대한 이야기가 3화에 나옵니다.

오프라인 비즈니스에 위기가 찾아오지만 오프라인 비즈니스를 하는 플레이어들이 이 위기를 넋 놓고 보고만 있지는 않죠. 유동인구 수가 줄어든 상황에서 기존과 비슷한 성과를 내기 위해서는 수익에 영향을 미치는 다른 요소들을 조정할 수 있어야 합니다. 고객수가 줄어드니까 객단

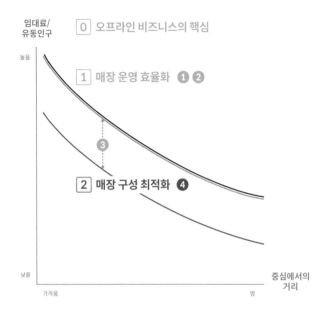

가를 높이거나, 유입된 고객의 구매 전환율을 높이거나, 임대 면적을 생산성 있게 바꾸거나, 임대 면적 자체를 줄이는 거죠. 이와 관련한 내용을 4화에서 다뤘습니다.

그뿐 아닙니다. 유동인구 수가 줄어든 그래프를 가만히 놓고 보면 또 다른 기회가 보입니다. 어떤 기회가 있을까요? 기존 오프라인 비즈니스 사업자 관점에서 보면 유동인구 수가 줄어든 거지만, 애초에 온라인에서만 비즈니스를 하던 D2C 브랜드들에게 오프라인의 유동인구는 그동안 없

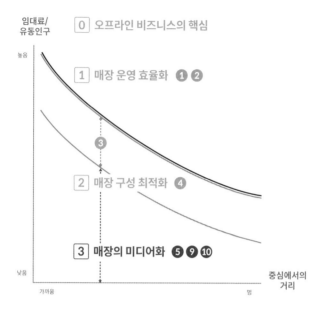

임대료/유동인구

높음

낮음

가까움   멈

중심에서의 거리

0 오프라인 비즈니스의 핵심

1 매장 운영 효율화 ❶ ❷

3

2 매장 구성 최적화 ❹

3 매장의 미디어화 ❺ ❾ ❿

었던 새로운 고객층입니다. 기준점이 다른 거죠. 이에 D2C 온라인 커머스 브랜드들이 역발상을 합니다. D2C 온라인 커머스 브랜드 간 경쟁이 치열해져 온라인에서 고객을 유입시키고 구매로 전환시키는 마케팅비가 급격히 높아졌는데, 이럴 바에야 오프라인에 매장을 내서 자연스럽게 브랜드를 유동인구에게 노출시키고 그들을 고객으로 만드는 비용이 저렴하다고 판단한 겁니다. 그래서 매장을 미디어로 활용하기 시작합니다. 이처럼 매장이 미디어화되는 내용을 5화에서 설명했죠. 그리고 추가적으로 매장의 미디어화에 따라 온라인 커머스의 장점을 오프라인 비즈니스에 접목하는 움직임을 9화에서 다뤘고, 기술보다는 아이디어로 매장의 미디어화를 시도하는 사례를 10화에서 소개했습니다.

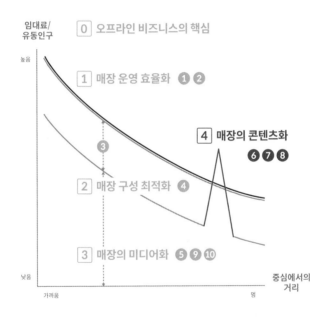

오프라인 비즈니스의 진화는 여기서 멈추지 않습니다. 유동인구 수가 줄어들었으니 유동인구 수를 늘리기 위한 고민도 합니다. 매장을 콘텐츠화해서 사람들의 발길을

끌어모으는 거죠. 오프라인 비즈니스가 콘텐츠화되면서, 오프라인 비즈니스에서의 핵심 역량도 바뀝니다. 공간을 설계하는 것이 아니라 고객의 시간을 설계하는 것이 중요해졌죠. 시간을 보내고 싶은 공간으로 만들어 시간 점유율을 높일 수 있어야 온라인 커머스, 온라인 콘텐츠 등과의 경쟁에서 살아남을 테니까요. 이처럼 매장이 콘텐츠화되는 진화를 6화에 담았습니다. 이어 7화에서는 개별 매장이나 브랜드가 아니라 부동산 개발의 관점에서 오프라인 비즈니스가 콘텐츠화되는 현상을 설명했고, 8화에서는 콘텐츠화라는 흐름에 맞춰 부동산 개발의 새로운 패러다임을 제시한 한국의 사례를 다뤘습니다.

그래서 결국 '오프라인의 모험'은 오프라인 비즈니스의 원리를 바탕으로 ① 매장 운영 효율화, ② 매장 구성 최적화, ③ 매장의 미디어화, ④ 매장의 콘텐츠화 등 오프라인 비즈니스의 진화에 대해 스터디한 결과물입니다.

이쯤에서 다시, 이런 상상을 해봅시다.

당신은 프롤로그에서 등장했던 어떤 은행의 제안을 받아들여 건물주가 되기로 했습니다. 원금과 이자를 감당할 수 있고, 경쟁력 있는 매장들로 채워 시세보다 높은 가치를 만들어낼 자신이 있다는 뜻이죠. 그리고 당신은 '오프라인의 모험'에서 본 설명과 사례들을 참고해 오프라인 비즈니스를 미디어화 혹은 콘텐츠화하는 방향으로 건물을 구성할 계획입니다.

그런데 알고 봤더니 이 제안을 당신만 받은 게 아니었습니다. 철학이 있는 공간 기획자, 개성 넘치는 콘텐츠 크리에이터, 감도 높은 편집자, 자기다움의 매력을 아는 브랜드 전문가, 아이디어가 풍부한 혁신가 등 다양한 영역에 있는 사람들이 이 제안을 수락했죠. 그들도 당신처럼 오프라인 공간에 새롭게 접근할 생각을 하고 있습니다. 이처럼 과거와 달리, 자본력이 아니라 상상력을 가진 사람들이 건물주가 된다면 어떤 일이 벌어질까요?

우리의 일상이 새로워지고 라이프스타일이 다양해집니다. 오프라인 공간은 시간을 담는 그릇이기 때문이죠. 그래서 공간이 바뀌면 그곳에서 머무르는 시간도 달라지고, 우리가 보내는 시간이 나아지면 우리의 삶도 풍요로워지는 겁니다. 이런 의미에서 어쩌면 오프라인 비즈니스의 위기는 또 다른 기회일 수 있습니다. 오프라인 비즈니스를 바라보던 기존의 관점에서 벗어날 수 있는 계기를 마련해 주었으니까요. 그리고 이 변화 속에서 놓치지 말아야 할 오프라인 공간의 본질이 있습니다. 오프라인 공간은 부동산으로 불리는 자산이 아니라 우리의 일상을 다채롭게 만들어 주는 터전이자 무대라는 것이죠. 그래서 오프라인 공간을 기반으로 하는 오프라인 비즈니스의 위기는 손 놓고 방관할 일도, 정해진 미래라고 말하며 체념할 일도 아닙니다.

건물주로 만들어 준다는 어떤 은행의 제안은 오프라인 비즈니스에 대해 깊이 생각해보기 위해 내세운 하나의 메타포입니다. 꼭 건물주가 아니더라도 오프라인 공간을 활용해 비즈니스 꾸려나가는 사람들로 치환해도 무방하죠. 건물주를 비롯해 공간 기획자, 콘텐츠 크리에이터, 편집자, 브랜드 전문가, 혁신가 등 오프라인 비즈니스를 만들어가는 주체들이 상상력으로 공간을 새롭게 구성할 수 있다면 우리의 일상이 더 다채로워지지 않을까요? 오프라인 비즈니스의 미래를 바꿀, 그렇게 우리의 일상을 가꿀 당신의 상상력이 필요한 이유입니다.

앞으로 당신이 상상력을 연료 삼아 펼쳐나갈 오프라인의 모험을 응원합니다.

오프라인 비즈니스는
어떻게 진화하는가

이동진 지음

오프라인의
모험

참고문헌

"궁극적으로 모든 책이 '거대한 한 권의 책'이 되리라고 생각합니다. 모든 디지털책과 종이책은 이 한 권의 책의 일부입니다."

아마존 킨들 개발자 '제이슨 머코스키'가 말하는 콘텐츠의 미래입니다. 책에서 참고한 내용들이 하이퍼링크로 연결되어 거대한 한 권의 책이 될 수 있다는 뜻입니다.

독서 경험은 시작부터 끝까지 한 방향으로 읽는 정적인 독서 경험에서 한 책에서 다른 책으로 넘나들며 역동적이고 다양한 독서 경험을 할 수 있는 환경으로 바뀌고 있습니다. 그래서 『오프라인의 모험』 콘텐츠를 제작하면서 참고했던 책, 잡지, 아티클, 블로그, 동영상 등의 자료들을 링크와 함께 공유합니다. 오프라인의 모험을 하면서 더 많은 궁금증이 생긴다면 참고하시기 바랍니다.

02 무인 매장은 오프라인의 미래가 될 수 있을까?

· 뭘 할지는 모르지만 아무거나 하긴 싫어 (이동진 외 지음, 트래블코드): https://bit.ly/3b93L2j

· 중국의 로봇 레스토랑은 어디까지 왔을까, 윤승진 통신사의 브런치: https://bit.ly/3nclEjh

· 레스토랑 "웨이터" 부르는 소리 사라져간다, 조선일보: https://bit.ly/3nbSlrJ

· Automated Quinoa Shop Eatsa Is Now a Tech Company Married to Starbucks, Eatsa: https://bit.ly/3rOmLZZ

· Cafe X Closed its Airport Locations and Laid Off Staff. Now It's Planning for the Future, The poon: https://bit.ly/387d013

· 로봇 레스토랑들은 왜 실패했을까, 동아비즈니스리뷰 https://bit.ly/2X72hOm

· 로봇과 AI로 피자 시장을 공략하던 줌 피자는 왜 망했을까?, 꿈꾸는 섬: https://bit.ly/2KWPZ8k

· 이거 중국회사 맞아? 세계가 깜놀 스마트 레스토랑 하이디라오, 뉴스핌: https://bit.ly/356EfqA

03 무엇이 오프라인 비즈니스를 무너지게 하는가?

· 지금은 '킥세권' 시대. 전동킥보드가 애물단지? 상권확대엔 효자네!, 트렌드DA의 포스트: https://bit.ly/3hFl8l8

· 골목의 전쟁 (김영준 지음, 스마트북스): https://bit.ly/39cGKJt

· 최강소비권력 Z세대가 온다 (제프 프롬 · 앤지 리드 지음, 홍익출판사): https://bit.ly/3hFlrmg

04. 오프라인 비즈니스의 상식이 뒤집힌다

· Coronavirus Finishes the Retail Reckoning That Amazon Started, The Wall Street Journal: https://on.wsj.com/3hGWQ1O

· Retail space per capita in selected countries worldwide in 2018, Statista: https://bit.ly/3nflhEu

· Quarterly retail E-commerce Sales, Census Bureau: https://bit.ly/2Tddu19

· Walmart Releases Q3 FY21 Earnings, 월마트 공식 홈페이지: https://bit.ly/393wEum

· Target Corporation Reports Third Quarter Earnings, 타겟 공식 홈페이지: https://bit.ly/3hCX9KX

· Best Buy Reports Third Quarter Results, 베스트 바이 공식 홈페이지: https://bit.ly/3875FP8

· 5 ways the coronavirus pandemic is reshaping the future of retail stores, CNBC: https://cnb.cx/3nc2Gcg

· 아마존 반품 처리하며 신규고객 늘리는 콜스, T Times: https://bit.ly/391dmp8

· Starbucks to Transform U.S. Store Portfolio by Building on the Strength of Digital Customer Relationships and the Convenience of the Starbucks App, 스타벅스 공식 홈페이지: https://bit.ly/356HLBi

· Inside Chipotle's first digital kitchen, Restaurant, Restaurant business : https://bit.ly/38ZnpLs

· Walmart to Open Its Largest Stand-Alone Grocery Pickup/Delivery Center, Progressive GROCER: https://bit.

ly/353PUGU

- 최고의 브랜드는 어떻게 성장하는가 (이와이 타쿠마 · 마키구치 쇼지 지음, 다산북스): https://bit.ly/2LdfrGq
- 리테일의 미래 (황지영 지음, 인플루엔셜): https://bit.ly/2LiXztK
- 리스토어 (황지영 지음, 인플루엔셜): https://bit.ly/3pRvEAh
- Why The Expansion Of Nordstrom Local Is Important, Forbes: https://bit.ly/3rND9K5
- Store Concept of the Year: Nordstrom Local, Retail Dive: https://bit.ly/355zYUt

05 온라인 브랜드는 왜 오프라인 매장을 낼까?

- 리테일 4.0 (필립 코틀러 · 주셉페 스틸리아노, 더퀘스트): https://bit.ly/38TlUyz
- Direct-to-consumer (D2C) e-commerce sales in the United States from 2017 to 2021, Statista: https://bit.ly/3bQIHOs
- 서울시 우리마을가게 상권분석서비스, 서울시 열린데이터 광장: https://bit.ly/3iohe8a
- Physical stores key to retail success, ICSC: https://bit.ly/3isFKoM
- 온라인 밖으로 나왔더니⋯하루 만에 한달치 매출 '대박', 중앙일보: https://bit.ly/2XSCMQO
- 실리콘밸리 사람들은 어떤 운동화를 신을까? – 올버즈, 퇴사준비생의 여행: https://bit.ly/3sBaYyz
- 밀레니얼이 열광하는 화장품 브랜드는 어떻게 다를까? – 글로시에, 퇴사준비생의 여행: https://bit.ly/3sElZPG

06. 오프라인은 미디어다

· 월마트가 광고 사업을 추진한다, ㅍㅍㅅㅅ: https://bit.ly/368rUTr

· 매장을 잡지처럼 만든다면 어떤 모습일까? – 스토리, 퇴사준비생의 여행: https://bit.ly/39erpct

· Showfields Imagines A New Kind Of Department Store Combining Retail With Theater, Forbes: https://bit.ly/369HQVt

· The department store of the future is using actors to sell you stuff, Fast Company: https://bit.ly/2KOebd4

· We went to the first-ever 'retail theater' show at 'the most interesting store in the world' – here's what we saw, Business Insider: https://bit.ly/39fsEYR

· 1 year in: How Showfields' experiential add-on worked to boost sales, Glossy: https://bit.ly/3odoViH

07 공간이 아니라 시간을 설계한다

· 나이키의 상대는 닌텐도다 (정재윤 지음, 마젤란): https://bit.ly/3zhUbTR

· 리테일 4.0 (필립 코틀러 · 주셉페 스틸리아노 지음, 더퀘스트): https://bit.ly/3rlUKbh

· 도시는 무엇으로 사는가? (유현준 지음, 을유문화사): https://bit.ly/3th3a5d

· 텐 비숍스 스퀘어 공식 홈페이지: https://www.tenbishopssquare.com

· Old Spitalfields Market, Foster and Partners: https://bit.ly/3ideJWv

- Old Spitalfields Market: Architecture, e-architect: https://bit.ly/3hHZt53
- Events, Old Spitalfields Market: https://bit.ly/2UNG2P4
- Bishops Square, Academy of urbanism: https://bit.ly/2UOsEdo
- 헤더윅 스튜디오 공식 홈페이지: http://www.heatherwick.com/
- 런던에서 만난 도시의 미래 (김정후 지음, 21세기북스): https://bit.ly/3pG3dp6
- 생각이 기다리는 여행 (이동진 지음, 트래블코드): https://bit.ly/2MLtFyT
- 퇴사준비생의 도쿄 (이동진 외 지음, 더퀘스트): https://bit.ly/3pANGGZ

08 라이프스타일을 바꾸는 오프라인 비즈니스

- 네오밸류 공식 홈페이지: http://www.neovalue.com/v2/#
- 앨리웨이 광교 공식 홈페이지: https://alleyway.co.kr/
- 사람 중심 공간으로 꾸민 '예쁜 골목길' 아파트 상가, 매일 가고 싶은 명소로 뜨다, 동아비즈니스리뷰: https://bit.ly/3qot8lr
- 한 번 방문하면 살고 싶어지는 곳, 앨리웨이 광교, 디자인프레스 블로그: https://bit.ly/3bbMbJo
- 오직 '이곳'에서만 존재하는 브랜드를 만들다, 디자인프레스 블로그: https://bit.ly/2LSoSM4

09 온라인을 벤치마킹해야 하는 이유

- Retail as a Service: No Sales, Just Experiences, Handelskraft: https://bit.ly/37Ek8Bu

- The Future of Department Stores is Platform as a Service, Medium: https://bit.ly/37zKuof
- 브랜드 박스 공식 홈페이지: https://brandbox.com/
- b8ta 공식 홈페이지: https://b8ta.com/
- b8ta Drives New Approach to In-Store Product Innovation, US Chamber: https://bit.ly/3qLYVgu
- 피팅룸은 당신이 뭘 입어봤는지 알고 있다, TTimes: https://bit.ly/2OZiN1z
- 일본 오프라인 판매의 미래를 이야기하다, Kotra: https://bit.ly/3shcYLk
- Tru Kids, b8ta to open 2 Toys R Us stores in time for the holidays, Retail dive: https://bit.ly/2OUAzD4
- 아마존 4-스타 오픈, 평점 높은 상품 직접 만져보고 구입, 중앙일보: https://bit.ly/3b2Kjnr

10 오프라인 비즈니스를 살리는 상상력의 힘

- 생각이 기다리는 여행 (이동진 지음, 트래블코드): https://bit.ly/2MLtFyT
- 퇴사준비생의 도쿄 (이동진 외 지음, 더퀘스트): https://bit.ly/3pANGGZ

오프라인의 모험

오프라인 비즈니스는 어떻게 진화하는가

초판 1쇄   2021년 8월 9일 발행

지은이   이동진
펴낸이   이동진
편집   폴인 fol:in
교정교열   김이화
디자인   김소미
마케팅   김주은
인쇄   영신사

펴낸곳   트래블코드
주소   서울시 종로구 종로 51 19층 104호
이메일   hello@travelcode.co.kr
출판등록   2017년 4월 11일 제300 2017 54호

ISBN   979 11 966077 5 3 03320
정가   15,000원

블루랍스터는 트래블코드의 임프린트 브랜드입니다.

BLUE
LOBSTER   TRAVEL
CODE